著者の自邸。琵琶湖のすぐ傍に佇む。

自然と一体となった住まいで、四季を感じる暮らしを愉しむ。

浴室は、やさしい香りに包まれるヒノキの板張りのハーフユニットバス。
寝室の大きな窓からも庭の緑を愉しめる。

窓を開けると心地よい風が通り抜ける、２階のリビング。
庭の緑の奥には琵琶湖を望む。

家具職人による対面式のオーダーメイドキッチン。
冬は薪ストーブで暖を取り、揺らめく炎をゆったりと眺める。

２階から渡り廊下でつながる離れ。
春には満開になった庭の桜を愉しめる。

障子、ガラリ戸、ガラス窓とそれぞれ違った表情を見せる開口部。
窓をすべて壁に引き込めば、外と繋がる開放的な空間に。

夜の外観。障子に映る木のシルエットが美しい。

100年
安心できる!

谷口弘和 株式会社 木の家専門店 谷口工務店代表
Hirokazu Taniguchi

Good House

「いい家」の建て方

ぱる出版

はじめに　家づくりは家族の幸せをデザインする

この本を手にしてくださったあなたなら、「いつかは一戸建てに住みたい」と考えていることでしょう。一戸建て、特に注文住宅はとても良いものです。工務店を経営する大工棟梁の一人として、私は自信をもってそう断言します。

建売住宅やマンションを購入するという選択肢もありますが、自分の望みどおりの家を建てて暮らすことに比べたら、その満足度は比較にならないでしょう。

「間取りや方角など、あれこれ考えるのは面倒くさい」

「細かいことまで自分で決めなきゃいけないなんて大変そう」

と、ちょっと腰がひけてしまうこともあるかもしれません。でもせっかくの機会です。たくさん悩んで考えてみませんか？

家づくりのプロセスにおいて、悩んで考える時間こそが実は一番楽しくて、まさに家づくりの醍醐味ともいえるのです。

住む家について考えること、それは「人生について考えること」です。

これまでを振り返り、自分が本当はどんな暮らしを望んでいるのかを具体的に、かつリアルに考える機会は、人生でそう何度も訪れません。**「人生の棚卸」をする貴重なチャンス**です。

我が家の外観はどんなデザインにしよう、ダイニングテーブルはどのサイズを選ぶと最適か、家族みんながリビングで楽しく過ごせるようにするにはどうすれば良いか、家事動線にもっと工夫を凝らせるかもしれない、子供部屋はいつまで必要か、子供が巣立った後はどんなふうに暮らしたいだろう、などなど。家を建てることになって初めて、夫婦がお互いの本音を知ることもあります。「そんなふうに考えていたの？」と新たな発見があるのも、家づくりのおもしろいところです。

それに、家づくりには何千万という大金をかけるのですから、よく考えもせず、たいして感動もせずにただ住んで、ローンを払い続けるなんてもったいない！

旦那様、奥様、良い機会ですからちょっと想像してみてください。もしも今ここで、１００万円をあげるから好きに使っていいと言われたとしたらどうします？

「何を買おう！」
「どこに行こう！」

と考えるだけでワクワクドキドキしますよね。家づくりにはその何十倍もの額を投じるのですから、何十倍も楽しんで元をとらなければ損だと思いませんか？

家づくりというものは、そこに住む人が参加すればするほどクオリティがアップします。

住み手のちょっとしたアイデアが加わるだけで、世界にふたつとない、オリジナルの素敵な家になります。だからこそ、完成したときの喜びも、住んでからの満足感も愛着も、より大きなものになっていくのです。

家は家族みんなが幸せになる場所であり、家づくりの時間は、家族の幸せをデザインする時間です。ちょっと大変ではあっても、一生心に残る素晴らしい経験となります。

まずは、この本で、家づくりの予行演習をしてみませんか。設計士25名、大工30名を束ねる棟梁の私が、あなたを「家づくりシミュレーション」の旅にご案内します。

『100年安心できる！「いい家」の建て方』

目次

はじめに　家づくりは家族の幸せをデザインする……2

第1章 「家を建ててみたい」と思ったら最初にすること

賃貸か分譲か、どっちを選ぶ？……16
絶対に譲れないポイントは何？……18
一戸建て注文住宅の魅力……20
家づくりの第1歩は資金計画から……22
「予算→建物→土地」が最短経路……24
設計士も土地選びに同行……26

住宅展示場に行く危険……29
限界ギリギリの融資のリスク……30
施工業者はこう探す……34
業者に騙されないためのノウハウ……36
設計士との対話は最重要……40
実は大事な収納プラン……45
コラム① 職人気質の寡黙な父……48

第2章 注文住宅、その魅力

「早い・安い」だけを求めるのは危険……52

完成までのプロセスをざっくり紹介……56
・着工式
・地鎮祭
・棟上げ
・施工期間中の見学
・完成と引き渡し
・20年間無償定期点検
9割が不満足の理由……64
新築最大のメリットは耐震性……67
家はこう建てれば後悔しない……68
やっぱり口コミが信頼できる……70
後悔知らずの「家づくりノート」……72
コラム② 心から喜んでもらえる家……88

第3章 夏は涼しく冬は暖かい、快適な家づくり

高断熱・高気密な家……92
断熱材はコストより耐久性で選べ……94
高い気密性は防音にもなる！……97
「木造＝寒い」は間違い……100
軒先の庇は長くする……101
「OMソーラー」という秘密兵器……102
「魔法瓶」のような家……104
夏は涼しく、冬は温かい家……107
【施工例1】ガレージをつぶして建てた家……110
コラム③ 大工としての1本立ち……113

第4章
自然素材の健康で丈夫な家

木のここがスゴい！……118
・感触が優しい
・軽くても強い
・疲労感や精神的不安感を軽減
・香りが心を癒す
・目に優しい
・環境にも優しい
できるだけ国産の木を使いたい理由……125
子供の健康も家に左右される……126
【施工例2】 地震に強い家にしたい……134

コラム④　「高性能な家」は譲れない……136

第5章 おしゃれな設計デザイン

丈夫かつ「カッコいい」家……140
眺望・日照良好でプライバシーも守る工夫……142
内と外の境界はあいまいにする……144
内と外の間に「中間地帯」を設ける……146
収納の見事さが「美」につながる……148
窓は引き込みが良い……150
廊下は工夫の見せどころ……152
浴室・洗面台のひと工夫……154

2個室の隣接で空間を確保……156
窓から見える景色をデザイン……158
明るい寝室の作り方……160
階段の「小窓」は圧迫感を減らす……164
家事動線に沿った合理的な設計……166
L型キッチンは家事動線に優れている……168
対比は広さを感じさせる……170
楽しみ方多彩なLDKの作り方……172
屋根付きの見晴らし台……174
「暮らし」の体験で家づくりのヒントを……176

コラム⑤　「家づくり」は「人づくり」から……178

第6章 実際に住んでみてわかること

建築基準法は9%しか守ってくれない……182
業者が建てた家の見学を申し出よ……184
実際に住んでみてわかること……185
家づくりには積極的に参加すること……187

おわりに 「望みどおりの家」は人生を変える……189

装丁…冨澤崇
校正…川音いずみ

第1章

「家を建ててみたい」と思ったら最初にすること

賃貸か分譲か、どっちを選ぶ？

自分の家を持つのと一生賃貸で暮らすのとでは、条件にもよりますが、支払うトータル金額にさほど差がなくなったといわれています。

また、以前なら持ち家があると一生の資産になると考えられていましたが、今は必ずしもそうとはいえないようです。土地は何年経っても資産価値が認められるけれど、建物は年月を経るごとに資産価値が下がるからです。

かつ、近年は空き家が急増しているため、やがては、建物にはほとんど価値が認められない、ということになるかもしれません。

それでも、持ち家に憧れる人はいなくならないでしょう。**家を持つということは、単に経済的な側面だけでは測れないメリットがたくさんある**からです。私の工務店を訪れるお客様の中には、

「こんな家に住みたい、こんな暮らしがしたいという希望はたくさんあります。暇があればノートに書き出しています。気がついたら、ノート2冊に夢がぎっしり詰まっていました」

という方もいらっしゃいます。その夢を、夢で終わらせてしまうのはあまりに惜しいと思いませんか。

望みどおりの家で暮らすことは、人生の幸福度を一気に引き上げます。自分の家を所有することによる安心感や満足感、達成感、自己実現感、これは経験した人だけが味わえる特別なものです。

そうした特別感が、その後の人生を充実させる確かな基盤となります。社会的な信用も増します。仕事においても私生活においても、よりいっそう人脈が広がっていくことでしょう。

家は家族全員にとって、物心両面にわたる本拠地であり、故郷ともなります。

「できれば自分の家を持ちたい」

「賃貸よりも分譲がいい」

と望む人々が求めているのは、そうした心の満足、拠り所であろうと思います。もちろん、資産価値を保ちながら一生住み続けることができれば最高です。

絶対に譲れないポイントは何？

ではどうすれば良いかということになりますが、住まい選びには多種多様な選択肢があり、その最初の段階で迷い続けている人が多いのではないでしょうか。

マンションか一戸建てか。
新築か中古か。
建売を買うか注文住宅にするか。

こうした二者択一においても、なかなか答えを出せないものです。
マンションや建売住宅を購入する場合は、モデルルームやモデルハウスを実際に目で見て選べるというメリットがあります。けれども、それで果たして満足のいく買い物ができるかというと、そうはならないことが多いのが実情です。

「もっとリビングを広くしたかった」

「キッチンの収納が少ない」
「洗濯物を干すスペースが足りない」
「ゴミ出しの動線が長い」

など、住んでみてはじめて不便な点がいくつもあることに気づき、折角のマイホームもなんとなく色褪せて見えてしまうということは往々にしてあります。

建売住宅は同じ仕様の家を同時に何棟も建てるため、建築コストが抑えられ、注文住宅に比べると低価格であることがほとんどです。

しかし、そこに使われている建築材の品質や、大工の施工レベルはあまり良いとはいえないケースが多いように思います。

ぱっと見の印象は良くても、外からは見えない箇所がなおざりにされていることがあり得るのです。たとえば断熱材の使用量が不十分だったりすると、窓のみならず壁の内部にまで結露を生じ、湿気が多くてじめじめした家、夏は暑苦しくて冬は寒い家という悪しき環境になってしまいます。

安い家には安い理由が必ずあるのです。

間取りや内装に関しては、そこに住む人それぞれの好みや生活スタイルにより、何を求めるかが異なりますが、夏は暑くて冬は寒いという住環境や、結露が発生して建物の随所が傷みやすいというのは、誰しも避けたいところでしょう。

これだけは絶対に嫌だ、これだけは絶対に譲れない、というポイントをおさえて考えていくと、自分が本当に望んでいるものが見えてくるようです。

一戸建て注文住宅の魅力

私がぜひおすすめしたいのは、マンションよりも一戸建て、それも本物の木でつくる注文住宅です。

注文住宅ならば、自分や家族のライフスタイルに合った間取りにすることができ、インテリアその他も好みに合わせてカスタマイズすることができます。

また、庭をつくれることの満足感はとても大きいものです。土地と建物の両方を所有しているという満足感、安心感もマンションとは比べものになりません。

マンションの場合は、建物の寿命が平均約50～60年とされていますから、いつかは建て替えが必要となります。50年というのは長いようでいて、案外短いものです。結婚をして子供を育て上げ、老後を穏やかに過ごしたい頃には、住み慣れた我が家を建て替えなければならないなんて、お金も労力も大変なロスです。

木造住宅は、きちんと修繕をしていけば100年はもち、最大200年はもつとされています。屋根や外壁、上下水道の配管など、面倒をみてやらなければいけない箇所はいくつかありますが、それらをきちんと手入れすることにより、一生住み続けることができるうえ、家に対する愛着はいよいよ増していきます。増築や改築といった方法により、家を成長させることもできます。

それに何より、注文住宅の場合は、柱や壁材や断熱材といった建築材の品質やグレードを、施工業者と相談しながら選ぶことができます。予算の範囲内で可能なかぎり高品質な建築材を用い、予算をオーバーしてしまう場合は、どこか他の箇所でコスト調整をはかるといったこともできます。

新築にこだわらないならば、中古の物件を購入し、自分の望みどおりの間取りや内装にリフォームするという方法もあります。

現在、都市部では特に、不動産物件が過剰にあり、供給過多ともいわれる時代ですから、多くの物件の中から好きなものを選ぶことができるでしょう。

中古の物件は価格帯が幅広いので、きちんとマネープランを立てて計画を進めれば、比較的リーズナブルに持ち家を叶えることが可能であろうと思います。

家づくりの第1歩は資金計画から

「持ち家計画」が順調に軌道に乗る人と乗らない人、その違いはどこにあると思いますか?

それは、資金計画がきちんとできているかどうかの違いなのです。

手持ち資金がいくらあり、融資はいくら受けることができ、どのように返済していくかという資金計画が明確になっていないと、たとえどれほど良い土地や物件が見つかったとしても、そこから先へはなかなか話が進みません。なんとなく取りやめになり、持ち家計画は延期に次ぐ延期、となることがほとんどです。

「持ち家計画」というと、「まず土地探しだ」と思ってしまう人もいるようですが、実はこれが大きな間違いなのです。

土地を購入するには、現金が必要です。土地を購入するための資金を金融機関が貸し出すことはあり得ません。その土地の上に建つ建物とセットでないと住宅ローンを組めません。資金借り入れの担保物件が必要とされるからです。

その点、建売住宅ならば土地と建物がワンセットになっているので、融資の相談もしやすく、便利で手軽だという感覚が広まっていったのでしょう。


しかし、いくら話がスムーズにいくからといって、住宅ローンを組むからには、それなりの責務をかかえるわけですから、無理のない計画を組むようにしないといけません。ローン返済に追われ、年に一度の家族旅行やお誕生日ごとの外食など、楽しいイベントを取りやめにして節約に励む。こんな暮らしになってしまっては、いったい何のために、誰のために家を買ったのか、わからなくなります。

家づくりは、かけようと思えばいくらでもお金のかけどころがあります。

でも、家が豪華でありさえすれば家族は幸せ、というわけではありません。

実際問題として、「良い家に住めるかどうかよりも、家族みんなで旅行やドライブを楽しむ生活がしたい」という場合は、旅費の積み立てや新車購入にお金を回すほうが満足度は高いといえるかもしれません。

「予算→建物→土地」が最短経路

「持ち家計画」に本気で取り組むなら、**「予算」「建物」「土地」の順で検討していくことをおすすめします。**

建物よりも土地が先じゃないの？

と思われるかもしれませんが、実際はその逆なのです。

予算の範囲内で納得のいく家づくりをしてくれそうな業者をじっくりと探し、その業者に支払う金額の目安を知ってから、土地にかける予算を決め、土地を探すという流れがベストです。

大多数の人が求めているのは、通勤通学や買い物などの生活の利便性、陽当たりの良さ、自然が豊かで静かな環境、それなりの広さとプライバシーを確保できるかどうか、といった諸条件の良さでしょう。

「駅から徒歩10分圏内」
「近くに公園があり、街路樹などの緑が多い」
「家の周辺はとても静か」
「スーパーや商店街が近い」
「幼稚園や学校、病院が近い」
「区画整備された美しい街並み」
「駐車スペースは2台ほしい」

欲をいえばキリがありません。お金さえ出せば、交通便利な駅前の良い場所に、それなりに広い土地が買えます。しかし、そうなると家の建築費用が削られます。

立地条件か、家の品質か、人それぞれに譲れないポイントが異なりますから、最も優先したいことは何なのかをきちんと把握して検討することが大事です。

広さを優先するならば、生活の利便性は多少譲って、郊外に家を建てるようにすると良いですね。土地の購入代金を抑えることにより、家づくりのグレードを落とさずに済みます。

ただ、長い一生のうちには家族構成や生活パターンは変化するものだという点を考慮する必要があります。子供と一緒に暮らす時間は意外と短いものです。子供はやがて家を離れて独立するでしょうから、一生を通じて広い家が必要とは限らないのです。

そうした意味でも、完璧な土地というものなどはないということを、あらかじめ知っておいていただきたいと思います。

10割満足できなくても、7割良ければ良いとするのが賢明です。残り3割を補う方法があるのです。

利便性を優先するならば、広さは譲って小さな土地を買い、やや小ぶりの家を建てるという方法をおすすめします。

土地の広さ、方角、日照、隣家との向き合い方などに難点があったとしても、設計によって問題を解消することができます（具体的にどのような設計プランで問題解消するかについては、次の章で詳しく説明します）。

設計士も土地選びに同行

私の工務店が採用している流れでいうと、ご相談にみえたお客様にはまず、お客様とそのご家族が今どのような家に住み、これからはどのような生活をしたいと思っているかについて詳しくお話を伺います。


「ご家族は何人ですか」

「お休みの日はどんなことをして過ごしていますか」

「朝ごはんは一緒に食べていますか」

「なぜ家を建てようと思われたのでしょうか。現在のお住まいに関して、狭いとか寒いとかいった不満はありますか」


というように、雑談ムードでお話を伺っていくわけです。そうして得た顧客のご要望に基づき、設計士が設計プランを作成します。

「家の中で一番明るく、眺めも良く、風通しも良い場所にリビングをつくると快適ですよ。そのリビングの中でも最も心地良い場所にソファを置くと、そこが家の中心、ご家族みんなが集まる素敵な場所になりますよ」

というように、ライフスタイルをふまえてご提案します。お客様のほうでは、

「これまでそういう発想をしたことがなかった。でも言われてみれば、たしかにその

とおりだ」と言って喜んでいらっしゃることが多いのです。

土地が決まっている場合は、必ず敷地調査を行い、日当たりや風通し、周辺状況や法的規制といった詳しい情報を集めて、その土地に合った最適な設計プランを提案します。

「何を基準に土地を選べばいいかわからない」
「自分たちだけで土地を選定するのは不安だ」
「なかなか希望に合う土地が見つからない」

といったお悩みをかかえている方には、設計士が一緒に不動産会社へ出向いて話を聞いたり、土地見学に同行したりして、周りの環境や敷地条件を調べ、顧客が理想としている暮らしのイメージにフィットするかどうかを判断してアドバイスをしています。

土地探しは、どんな家を建てるかをふまえて決めることが大事です。また、そのようにして、良い土地に巡り合うまで親身にサポートしてくれる業者に巡り合うことがとても大切だといえます。

住宅展示場に行く危険

ところが、あるハウスメーカーが実施したアンケート調査によると、「マイホーム購入を検討しだして、真っ先に足を運んだのは住宅展示場だった」と回答した人が、なんと65％にものぼるのです。
そうした際にも、資金計画がきちんとできていれば良いのですが、そうでない場合は、どうなるでしょう。

モデルハウスを見ていたら、家を買いたい気持ちが強くなった。
↓
借り入れ可能額ギリギリの高価な家を購入してしまった。
↓
住宅ローンが家計を圧迫し、子供の教育費まで手が回らなくなった。
↓
家計をやり繰りするために生命保険まで解約し、老後の不安が増した。

というようなことが現実に起きているのです。この失敗は、事前にきちんと資金計画を立てるという手順を踏まなかったことが原因です。

住宅展示場で豪華なつくりのモデルハウスを見てしまえば、

「私もこんな素敵なデザインの家に住みたい！」

「このモデルハウスと同じシステムキッチンにしたい！」

と、誰しも多少は心を躍らせるでしょう。

ひとたび心が舞い上がってしまうと、もう冷静な判断はしにくくなります。借り入れ可能な限界ギリギリまでローンを組み、「家は立派だけれど、家族は不幸せ」ということになってしまいがちです。

限界ギリギリの融資のリスク

「いくらまで借りられるか」と「家づくりにいくら使えるか」とは異なります。住宅ローンを組む際は、「いくらまで借りられるか」ではなく、「月々いくら返せるか」をしっかりとおさえて考えることが鉄則です。

より具体的にいうと、この先5年間、そしてさらにその先の5年間、月々の返済額をいくらに設定すれば無理がなく、何年で完済するのか、ということをシュミレーションする必要があります。

子供の教育費、家電製品や車の買い替え、家のメンテナンス費用、旅行、医療など、家族の暮らし全体にかかる費用を見越して、無理のないプランニングをしていただきたいと思います。

現在は、35年ローンが一般的で、ローン完済時に60歳を超えるとしても融資が受けられるケースもあります。中には、完済時80歳まで貸与を認める金融機関もあるようです。

しかし、実際に35年間以上もローンを払い続けるというのは、とても大変なことです。35年、あるいは40年という長いスパンで考えるのではなく、これからの5年、10年というように短いスパンで、月々（あるいは年間）確実に払える額を割り出し、自分がいくつまで働けるか、いざというときはどのようにして家計を支えるか、などを考えたうえでローン設計をすることが望ましいでしょう。

現実をしっかり見据えた資金計画は、幸せな家づくりの基盤となります。

また、家づくりには家そのものを建てるための費用「本体工事費」の他に、必要に応じて、次のような費用がかかることを忘れないでください。

・**付帯工事費（全体額の約15～20％）**

（設計、敷地整備、地盤整備、上下水関連工事、電気引込工事、ガス工事、冷暖房工事、内装、門や植栽といった外構など）

・**諸費用**

（住宅ローン契約に関連する費用、契約時の収入印紙代、不動産登記に関連する費用、税金、火災保険料、上下水道加入金、地鎮祭費用、上棟式費用、引っ越し費用、家電製品や家具の購入代金など）

入居後には、不動産取得税や毎年の固定資産税、都市計画税もかかりますので、手元に資金を残しておくこともお忘れなく。

こうした諸々の費用と予算組みに関して、「家づくり」を任せる建築業者が相談にのってくれると心強いですね。でもそこで、やり手の営業マンが出てきて、

「お客様、どのようなことでもご相談ください。やはり気になるのはご予算のことですよね。ではさっそくですが、頭金はいかほどご用意なさっていますか。年収は、だいたいどれくらいでしょう。それでしたら、このぐらいまでローンが組めますよ。この物件がお気に入りでしたら、これとそっくり同じ仕様で、お値段は限界ギリギリまで引かせていただきます。ぜひぜひご検討ください」

などと、押し付けがましいセールスをされると嫌ですよね。

限界ギリギリの値引きと、限界ギリギリの融資。それが本当にお客様のためになるのでしょうか。

私の工務店では、もちろんそんなことはいたしません。私たちはファイナンシャルプランナーと提携し、顧客の資金計画相談に無料で応じています。その模様を少しご紹介しましょう。

お客様が家づくりのご相談にみえ、資金計画がまだきちんと立っていないようなら、

ファイナンシャルプランナーと相談する時間をつくっていただきます。そして、まずは家の資金調達法として「自己資金、住宅ローン、贈与」など、さまざまな方法があることを確認していただきます。

続いて、住宅ローンの金利や返済方法にも各種タイプがあることをご理解いただくようにしています。

また、住宅購入により受けられる優遇措置、贈与税の非課税措置などについても、わかりやすく解説し、無理のない返済計画を立てていただけるようサポートしています。

こうして徐々に資金計画が明確になっていくと、家づくりプランもはっきりしてきます。

施工業者はこう探す

資金計画がクリアになった段階でまだ施工業者が決まっていない場合は、次にやるべきことは、家づくりのパートナー探しです。

ネットで検索する、資料請求をする、モデルハウスや住宅展示場を見学するなどして、

「これだ！」と思う施工業者が見つかるまで、粘り強く探し続けてください。妥協せず、あきらめず、じっくりと時間をかけて探すことが大事です。

やみくもに行動すると、「情報が多すぎて、何が正しいのかわからない」ということになりがちです。


「いろいろ見過ぎて、もう考えるのも疲れてしまった」

「住宅展示場でしつこく営業されて嫌な思いをした」

「夫婦の意見が一致しない。家づくりなど、もうやめだ」

なんていうことになっても困ります。


建売ではなく注文住宅を建てようと決めている場合は、地元の工務店に的を絞ってHPなどを検索し、情報収集することをおすすめしたいと思います。

「工務店って、大工さんがやっているんでしょ。センスは大丈夫？」

「システムキッチンや出窓など、細かい要望にも応じてもらえるの？」

そんな印象をいだいている方もいるかもしれません。たしかに、昔ながらの古い体質、古いセンスで家を建てている大工・工務店は少なくないでしょう。

でも、革新的でデザインに力を入れている工務店もなかにはあるのです。全国でもそれほど数多くはないので、あまり目立った存在とはいえず、また、莫大な費用をかけて広告宣伝ができるわけでもないので、すぐそばにあっても気づかれず、見過ごされているかもしれません。

そういう稀少価値のある工務店を見つけ出すことができたなら、あなたの家づくりは成功すること間違いなしです。

心から満足・納得のいく家づくりができるかどうかは施工業者選びにかかっているというのは紛れもない真実です。

どうかそのあたりをご理解のうえ、次項をお読みいただければと思います。

業者に騙されないためのノウハウ

私が経営する谷口工務店は、木造住宅を専門とする設計士と大工が集まって家づくりをしている会社です。設計士は30名、大工は40名ほどいて、全員が社員です。

そのほか、土地探しを担当する不動産社員、お金全般を担当する経理社員、アフターメンテナンスなどを担当する顧客カスタマーセンター社員など、総勢約100名が働いています。

地盤調査や土地造成といったことに関しては、専門業者と提携をしています。お客様が土地を購入する前に地盤調査ができると良いのですが、それは現行法によりできません。他人の土地に勝手に穴をあけるわけにはいかないのです。

そもそも、エリア一帯の地質が悪く、地盤軟弱である場合は、周辺の不動産業者はそのことをよく知っているはずです。親切な業者ならば、購入を検討しているお客様にそのことを事前に伝えるでしょう。

しかし、不親切な業者も少なからずいるようなので、十分に注意をしてください。

特に問題なさそうなので土地を購入したとして、地盤調査とそれに基づく補強工事は絶対に必要です。

地盤調査というのは、鉄のドリルのような物を地中に沈め、地表から硬い岩盤層まで何メートルあるのか測ることです。浅ければ、現地の土とセメントを混ぜて硬い地盤を形成するだけで大丈夫な場合もあります。深ければ、そこにさらにセメント杭や鋼管つまりは鉄の杭を打ち込みます。

調査の結果により、こうした補強工事が100~200万円かかる場合があります。

ところが、その説明をしない業者もいるので、注意が必要です。

土地を購入し、いざ家を建てるという段になって「土地補強に、あと100万ほどかかります」と言われたら、誰だって驚いてしまうでしょう。

でも、そうしたことが往々にして起こり得るのです。


絶対に許してはならないのは、土地造成工事の手抜きです。


家が傾くほどのひどい手抜き工事などはあってはいけないことです。

もちろん、現実に滅多にあることではなく、数十万件に一例あるかないかです。

ご参考までにお話ししておくと、「補強工事はこのようにした」という報告書が保証会社に提出されます。その報告書の内容と事実が異なり、後になって問題が起きた場合は、補償がなされます。

そのために、施主は建設会社を通して保険に加入するわけです。

補強工事を請け負った建設会社が倒産したとしても、補償契約は活きているので、万が一にも家が傾いたりした場合は補償金がおります。

これはとても良い仕組みです。そうでなければ家を建てられないようになっています。地盤調査と補強工事は、法により義務付けされています。これをやらないことはあり得ません。ただ、程度にもよりますが、手抜き工事はあり得ます。それは工事に携わった当事者のみが知り得る秘密情報で、我々工務店の側は正確な実態がよくわからないというのが実情です。

工務店としては、地盤調査や土地造成の専門家を信じて任せる以外にありません。施主の方々には、我々工務店を信頼して任せていただくしかありません。

信じていいかどうかをどこで見極めるかといえば、これはもう過去の実績を見て確かめるということに勝る方法はありません。

設計士との対話は最重要

家づくりのパートナー探しについて、さらに語っていきたいと思います。

当社には、いわゆる営業マンがおりません。家づくりのご相談窓口となっているのは、社員である設計士です。

ですから、工務店に家を建ててもらうというよりもむしろ、設計事務所にオリジナルデザインの家づくりを任せるような感覚を味わっていただけるのではないかと思っています。

谷口工務店では、それぞれのお客様に担当設計士がつきます。

間取りなどのプラン作成は9人以上のチームで行い、いくつもの案を検討しますので、設計図のご提案に時間がかかることがあります。

そして、お客様が納得されるまでとことん話し合いをしますので、打ち合わせ時間が長くなる場合があります。

1回の打ち合せでほぼ決まることもあれば、何回もプランを練り直すこともあります。

見積書の作成も緻密に行います。「これで間違いない」と、お客様にご納得いただけるまで、何度でも打ち合せを行います。
こういうところに時間をかけることが大事なのです。

お客様との何気ない会話のなかに、家づくりのヒントが見つかることもよくあるのです。

家づくりというものは、一生に何度も経験できるものではなく、これがはじめてという方がほとんどです。だからこそ、**施主と設計士が〝直接話す〟ことがとても大事**なのです。わからないことや不安なことがあれば、何でも聞いてください。プロの設計士がきちんとお答えし、施主の不安や心配を解決する手立てを考え、設計プランに組み入れます。

雑誌で見た素敵なインテリアの記事や写真を持ってきていただくと、一目瞭然で希望が伝わります。そういう材料をもとに、お客様と設計士がお互いに顔を見て話をすることが大事ですね。

そうすれば、お客様自身がまだ気づいていない願望や、言葉にならない要望も、設計士は汲み取ることができます。

そして、「それはきっと、こういうことですよね？」とお客様に確認しながら、設計プランに反映させることができます。


設計士はまた、土地探しのお手伝いもします。

土地が決まれば、現地の光や風、空気といった目に見えないものを、五感を働かせてキャッチし、設計デザインに織り込んでいきます。庭の設計士が加わり、植栽や石、水場などをデザインしていくこともあります。

それらのデザインプランを図面で見ていただくのはもちろんのこと、部屋のスケッチやイラストを描いてお見せするほか、１００分の1サイズの模型なども作成して見ていただきます。家の完成予想図をリアルにイメージしてもらうためです。

図面やイラスト、縮尺模型などを見ていただくと、それまでは漠然としていたイメージが具体化し、お客様は細かい点にまで想像力が及ぶようになります。

そのような状態をつくってから、設計士は細部についてわかりやすく説明していきます。

使用する木材、壁材、タイルといった建築材の見本を、お客様と一緒に見ながら、「この家にはこの素材がおすすめです」と具体的な提案をすると共に、実際の使用例を現地にご案内して見ていただくということもしています。

さらに詳細設計の段階に進むと、室内のインテリアや家具の配置、照明器具に至るまで、きめ細かい提案がなされます。

そうしたすべてのことにご納得をいただいたところで、本契約となります。

そして、今後の流れをご説明し、事前手続きを経て、工事着工の準備に移ります。

ファイナンシャルプランナーによる資金計画のご相談、ならびに、設計士が応対する家づくりプランのご相談に関して、私たちは無料で応じています。ご相談に応じながら、その場でさっと、間取り図のラフデザインを手書きしてお見せするということもよくあります。

ただ、正式に設計図を作成する段階になれば、設計デザイン料を頂戴しています。

会社によっては、「設計料は無料です」と謳っているところもありますが、そういう会社には注意が必要かもしれません。

顧客の一人ひとりに対して誠実な仕事をしようと心がけているならば、それぞれの建て主さんに最適なオリジナルのプランを無料で提供することなどできるはずがないのです。

プランを作るためには、地盤調査など法的な調査がどうしても必要になります。

つまりお金がかかるのです。


その費用は、どこでまかなわれるのでしょうか。

「設計図を作成しても成約につぎつけない場合だってあるけれど、その分のロスは他の顧客に補ってもらえばいい」

とでも考えているのでしょうか。

料金が発生するものに関しては、その旨をきちんと顧客に説明する。

顧客にご納得いただいたうえで仕事を進める。そういう企業姿勢を貫く会社であってこそ、良い家づくりのパートナーとなる資格があると私は考えています。

実は大事な収納プラン

今お住まいのおうちと暮らしぶりを設計士に見せることもおすすめします。谷口工務店ではいつも、そのようにお客様にお願いしています。

たとえば、収納が少ないという不満があった場合、新しい家の収納スペースを増やせば解決できますが、その分、建築面積が増え、建築費用が余計にかかります。そんな場合は、限られた予算の中で叶えたい「本当に必要なもの」は何かを考えることが大切です。「新しい家の設計で解決する」のか、それとも、「不必要なものを捨てる」「物をできるだけかかえ込まない」といったライフスタイルの変更で解決できるかを検討してみます。

これまでの家での不満をすべて、新しい家でカバーしようとせず、「どんな暮らしがしたいか」に目標を絞り込むことで、幸福度はアップするでしょう。また、家づくりを実際に進めるうえで、無駄な要素も盛り込まずにすみます。

私たちは、「収納量を重視する」か、あるいは「リビングの広さを重視するか」といったご相談にも応じています。「この機会に、少しお荷物を減らされてはどうですか」と、そんなことも話し合いながら暮らしの設計をしています。解決できる不満をあらかじめ解決しておけば、すっきりとした気分で家づくりをスタートすることができますよね。家づくりを考えることは、まさに、自分の生活スタイルを振り返るチャンスでもあるのです。

家が完成してから家具を買い足さなくても良いように、設計の段階ですべてをイメージすることもおすすめします。


家という箱ができても、家具がなければ生活はできません。

実際、新居にマッチした思いどおりの家具を見つけるのは大変な作業です。

そこで私たちは、造り付けの家具（造作家具）をおすすめしています。収納量も見た目も家にマッチするものをあらかじめ設計に組み込んでおけば、スペースにピタッと収まるサイズなので無駄がありません。隙間が生じることもないので、掃除が楽です。インテリアの一部としてトータルコーディネートがなされているので、見た目もとても美しい仕上がりです。

持ち物のボリュームから割り出して、ミリ単位で収納設備を設計することもできます。なにより、家の費用として予算にも組みこめるので、住んでから思わぬ出費になったということもありません。お引き渡しした日から、不自由なくお住まいして頂けます。

又、当社ではインテリアコーディネーターの専門社員が在籍し、設計段階から、テーブルやソファなどの位置までご提案しています。

お気に入りの収納家具、たとえばお母様譲りの花嫁箪笥《だんす》など、思い出の家具などを新居でもそのまま使い、より素敵に活かせるように、間取りとインテリアを設計していきます。

こういうことができるのも、注文住宅の良さですね。

コラム①

職人気質の寡黙な父

私は、滋賀県蒲生郡《がもうぐん》竜王町というところで大工の棟梁をしている父と、家を切盛りする母との間に生まれた末っ子長男です。幼い頃から大工仕事を身近に感じながら育ちました。

といっても、父は年中休むことなく働き、家でくつろぐ時間など、ほとんどありませんでした。私は父とキャッチボールをして遊ぶことはおろか、ごくふつうの日常会話を交わすことすら稀でした。それでも、父の存在は大きく、私はつねにその寡黙な背中を見ていたように思います。

私も少し成長すると、父がいわゆる職人気質で、仕事一筋の人なのだと、理解できるようになりました。職人気質がいき過ぎて、とにかく良い家をつくりたいがために、採算を度外視して最高級資材を使ったり、外からはまったく見えない細部に凝ったり、効率や採算を優先せず丁寧な仕事をすることがお客様に喜ばれるのだと、子供ながらに納得していたような気もします。

高校卒業後は、恩師による進学指導に従って、大手ハウスメーカーに就職しました。ゆくゆくは父の仕事を継ぎたいと考えていましたが、まずは一般企業で働くことを選んだわけです。

当時はバブル絶頂期で、どの企業にも仕事は山のようにあり、就活事情はまさに売り手市場、私のような高卒でも引く手あまたでした。私は採用されるとすぐに、1年間にわたって大工の研修を受け、2年目からは現場実習生となり、親方にいろいろ教わりながら仕事に励みました。

しかしそこで、強烈な違和感を覚えたのです。「家づくりって、こんなふうに建築材を組み立てるだけのものではないはず、父がやっている大工の仕事とはだいぶ違うぞ」という思いが日に日に強くなっていきました。

でもまあ、それも仕方のないことだったのかもしれません。

なぜなら、大手ハウスメーカーが建てる家は、建築材を的確に組み立てれば設計図どおりの家になるという規格製品なのです。つまり、つくる側の効率を重視したもので、それは本来必要とされる日本の気候やライフスタイルにマッチする家づくりを重視したものとはやはり異なっているのです。

私の父がやっていたように、木材を頑丈に組み上げて家の骨組みをつくり、そこから天井や床や壁を仕上げ、そして屋根職人が屋根を葺《ふ》き、左官職人が壁を塗り、というように一歩ずつ完成に向かっていくほうが、私には馴染みのある家づくりの方法でした。

そうした家づくりの決め手となるのは、建築材の品質の良さ、そして大工の腕前です。ですから、大工の職人たちはそれぞれ自分の腕によりをかけて、できるだけいい家を建てようと、真剣に仕事に取り組みます。

分業態勢といっても、個々の仕事がバラバラに分断されているわけではないのです。すべては有機的につながっています。骨組みがいいから天井や床や壁の建築材が隙間なくぴたっとはまるのですし、屋根葺きや壁塗りもうまくいくのです。

そのようにして丁寧につくりあげていく家は、見た目が良いのはもちろんのこと、住み心地も快適です。わずか1年で壁紙が剥がれてきたり、などということはないのです。

（88ページに続く）

第2章
注文住宅、その魅力

「早い・安い」だけを求めるのは危険

お客様が納得し、喜んでくださる設計プランが固まると、いよいよ大工の出番です。大工はチームを組み、設計士チームと連携をはかりながら、工事を進めていきます。工事着工から完成まで、約5ヵ月というのが目安です。

ハウスメーカーが手がけることの多いプレハブ系住宅の場合は、工期は2〜3ヶ月です。早ければ1ヶ月で完成してしまうこともあります。

私の工務店では、「木造軸組工法」といって、木の柱や梁で家の骨組みをこしらえることから始めるので、時間がかかります。

良い機会ですので、「木造軸組工法」について簡単に説明させてください。

木造軸組工法というのは、日本に昔から伝わる家づくりの工法で、木の柱や梁《はり》、土台などで骨組みをつくることが基本です。柱と柱の間に、「筋交《すじか》い」と呼ばれる材を斜めにかけ渡します。

この「筋交い」によって強度を増し、耐震性を高めます。さらに現代の木造軸組工法では「耐震壁」と呼ばれる壁を用いることが標準化していますので、かなり丈夫で長持ちする家になります。

木造軸組工法ではまた、間取りを自由に構成することができ、増改築も比較的簡単であることが特長です。随所に木の温もりが感じられること、日本の気候風土に合っていることも魅力です。

私たちが建てる家のすべては、木造軸組工法による木の家です。木の柱や梁など、直線を組み合わせてつくった空間に、木の天井や床を渡して、壁や障子、引き戸を立てていきます。「構造的に強い」「シンプルで美しい」「機能性が高い」ということに加え、たとえば茶の間から庭を近くに眺めるといったように、室内にいながらにして屋外の自然に親しみ、季節感を味わうことができます。

谷口工務店では、木造軸組工法以外の施工ももちろんいたしますが、仮にお客様からご要望があったとしても、欧米の住宅によく見られるような、いわゆる「2×4（ツーバイフォー）工法」はおすすめしません。

ツーバイフォー工法は壁で家の構造を支えるもので、壁工法ともいいます。木造軸組工法の場合と比べると、壁工法で用いる柱は3分の1程度細いので、強度や耐震性は果たして十分なのだろうかと疑問が残ります。

また、この工法は米国産の木を用いることが多いのが問題です。米国産の輸入木材はシロアリなどの問題もありますが、それ以前に耐腐性に乏しいと私はとらえています。

では、木造ではなく鉄骨造りにしたら丈夫で長持ちするかというと、そうともいえません。

軽量鉄骨壁工法が普及しつつある現在、「鉄は木よりも強い」とか、「鉄は断熱性が高い」とか、「火事になっても鉄ならば燃えない」とか、間違った情報まで一般に広まっているのは困ったことです。

鉄は厚みがあるので断熱性が高い、というのは誤解です。

鉄は熱伝導率が高いので、夏の直射日光を浴びれば、温度は急上昇します。また、火事になった場合などは、火にあぶられて熱くなり、また柔らかくなり、強度が著しく低下します。ぐにゃっ、とつぶれてしまう危険が高いのです。

木造住宅は一見燃えやすいように思われがちですが、燃え尽くして倒壊するまでに時間がかかります。火事が発生した際にどこがよく燃えるかというと、カーテンやクロス壁、衣類、布団、家財道具など、室内にあって化学物質を含むものから燃えていくのです。柱、床、天井、屋根といった木の部分は、燃えて炭になるまで時間がかかります。燃え尽きるまで倒れないので、その間に逃げ出すことができます。

このように、家づくりにはさまざまな工法があり、それぞれに長所もあれば短所もあります。

「早い・安い」だけを求めていては、満足のいく家づくりはできません。必要なところには時間も費用もかけ、不必要なところは無駄を省く。そのためにも、工事着工前に設計士とよく話し合い、細部までじっくりと検討していただくことが必要です。

完成までのプロセスをざっくり紹介

少しでも皆さんのお役に立てればと思い、家づくりに必要とされる各段階を箇条書きにしてみました。

家づくりは、次のような流れに沿って進行するとうまくいきます。

①資金計画を立てる
②予算を明確にする
③施工業者の決定・土地契約
④設計プランを練る
⑤工事契約（建物請負契約）
⑥着工式・地盤調査と土地造成
⑦地鎮祭《じちんさい》
⑧基礎工事着工

⑨ 棟上《むねあ》げ
⑩ 屋根・外装・断熱・窓・床・配線・配管
⑪ 内装
⑫ 工事完了
⑬ 引き渡し
⑭ 引っ越し・入居

いくつか補足説明をいたしましょう。

〈着工式〉

谷口工務店では、工事着工の前に必ず、「着工式」というものを行ないます。家づくりに関わるスタッフがお客様ご一家と顔合わせをし、家づくりに対するお互いの思いを伝え合っています。

たとえば、「私は屋根工事を30年やってきました。今回は○○さんのおうちをつくらせていただきます。どうぞ安心してお任せください」というように、大工や職人たちが自己紹介を兼ねて話をします。

そしてお客様のほうでも、「このたび二世帯住宅を新築することになりました。これまでは狭くて暗くて寒い家で、キッチンも使いにくかったので、妻には苦労をかけました。長い間がんばってもらってすまない気持ちでいっぱいです。快適な家を建ててもらって妻に喜んでもらいたいと願っています。どうぞよろしくお願いします」というようにお話をされます。奥様は思わず感激の涙、工事関係者も感激してもらい泣きしてしまうこともあります。

こうしてご家族のストーリーにふれることにより、気持ちの入った仕事ができるようになります。そこが当社の一番の強みかもしれません。

着工式の席では、「工事が始まってからも、いつでも気軽に現場を見に来てくださいね」と、お客様にお伝えしているのですが、お互い顔見知りになっているので、皆さん気軽に見学にいらしてくださいます。

〈地鎮祭〉

着工式と同時進行する形で、現地では地盤調査と土地造成の工事が進行しています。

ご家族と担当スタッフ一同が立ち会い、工事の安全を祈願する「地鎮祭」を神職に執り行っていただきます。その後に、基礎工事に取りかかります。

この地鎮祭というものは施主の方々に必ず行っていただきたいものです。我々工務店が手配して、神職の方を斡旋することもあります。

土地を浄めるためのお祓《はら》いをしていただき、

「ここに良い家を建てて家族みんなが末永く幸せに暮らせますように」

と、土地の神様にお願いをしましょう。

敷地内の建て面積にロープを張り、家のサイズが目に見えるようにするので、それもまた醍醐味です。

〈棟上げ〉

家を支える土台となるコンクリートの基礎工事が完成し、家の骨組みである柱が建つと、家全体のカタチが見えてきます。このタイミングで、「棟上げ式」(「上棟《じょうとう》」ともいう)を行います。これも地鎮祭と同様、基本的に施主の方々が執り行うものですが、とても賑やかで楽しいイベントです。

棟木にご家族の名前を筆で書き込んでもらったり、「家内安全」など好きな言葉を自筆で記していただいたり、あるいはご家族全員の手形を捺《お》していただいたり、それを記念写真に残したりという企画を実施しているのですが、これは施主の皆さんにとても好評です。その棟木はお家の一番高いところに納まります。

名前や手形を記したその部分は、後に工事が進むと断熱材などで隠されて見えなくなります。

でも記憶にしっかりと刻まれていて、「あそこにあの文字があるのだ」と思うだけで、心の拠り所になってくれます。

これもまた良い思い出となるセレモニーで、「これからいよいよ自分たちの家が出来ていくんだな」と実感していただけるようです。

〈施工期間中の見学〉

棟上げ式の後も、お客様には何度でも自由に現場へお越しいただき、担当の設計士・現場管理者が立ち合い、工事状況を確認していただくことができます。

会社帰りに毎日のように立ち寄られる方もいらっしゃいます。現場をご覧になった皆

さんは、

「いつ行ってもきれいに片付いている。裸足で歩けるほどだ」

と口をそろえておっしゃいます。そうなのです。工事中といえども、そこはお客様の大切な財産です。そのことを忘れず、品質の良い現場づくりをすることも私たちの仕事なのです。いつ来ていただいても気持ち良く見学してもらえるよう、常に整理整頓された状態であるように、担当の大工は現場の清掃を徹底して行っています。

「大工さんと子供たちがすっかり仲良くなって、男の子は特に大工の仕事に興味津々の様子だ。たまに仕事を手伝わせてもらったりして、ここの釘は僕がやったんだよ、なんて言って喜んでいる。家族全員で家づくりに関わったのだという良い思い出ができて良かった。家に対する愛着がますます湧いてきた」

と言ってくださるお客様もいます。

実際、当社で家を建てたお施主様ご本人や、そのお子様が、社員になりたいと後に入社したケースも何件かあるほどです。

現場を見て、「ここにちょっと棚がほしい」とか「やっぱり壁の色を変更したい」とか、さらなるご要望があった場合は、臨機応変に対応します。現場にいる大工と設計士の連携がしっかりととれているので、きちんと情報が伝わり、設計プランがぶれることはありません。図面だけではわからなかったことが、立体的になってはじめて気づくこともありますから、遠慮なくお申し付けいただきたいと思っています。

〈完成と引き渡し〉

そして、待ちに待った完成です。

引き渡し式を行い、検査結果や保証について、また今後のアフターメンテナンスなどについて担当者から詳しくご説明をいたします。

引き渡しのセレモニーは、こんな感じです。玄関前に紅白のテープを張り、施主の皆さんにテープカットしていただきます。そして、工事期間中とは異なる鍵を施主にお渡しし、ご自身で玄関扉を開けてもらいます。我が家へのはじめての入場の瞬間に、工事に携わった大工や設計士、管理スタッフなどがそろって立ち会います。拍手、拍手です。

〈20年間無償定期点検〉

引き渡しから3カ月後、定期点検担当者が大工を伴って訪問し、何か不具合がないかチェックして、住み心地についてお話を伺います。その後も毎年、20年間にわたって定期点検を実施し、必要に応じてアフターメンテナンスを行います。

たとえば、「経年変化」といって、柱に用いた木が乾燥して縮むため、柱と壁の間にほんの少しだけ隙間ができることがあります。そうした隙間をコーティング材で補修したり、壁や床のちょっとした染み落としなど、定期点検の日にその場でぱっと補修させて頂きます。

造作家具の使い方によってどうしても生じてしまう不具合、たとえば引き出しの滑りが悪くなったという場合なども、たいていはその場で調整修繕ができます。

たとえば屋根や外壁の塗装、畳や障子の張り替えが必要になったときなどは、当社に連絡してもらえれば専門の職人を派遣します。窓口が一本化しているので楽です。どこに頼めばいいのかわからずに困るということがありません。家のことなら何でも相談していただけます。

家づくりは多大な時間と費用がかかる一大イベントです。一生に一度、という場合がほとんどでしょう。結婚もまたそうであるように、簡単にやり直しはできません。

新居での生活が始まり、年月が過ぎると、家族が増えたり生活スタイルが変化したりといったこともあるでしょう。

そうした変化に柔軟に対応できる家、永く飽きのこない家、愛着の感じられる家づくりをなさっていただきたいと思います。

9割が不満足の理由

建築業界で仕事をしていると、家を建てた方々を対象とするさまざまなアンケート調査の結果を知る機会があります。あるデータによると、なんと8~9割もの方が「家に満足していない」と答えています。これは本当に残念なことです。

どういった点に不満があるかといえば、

「ここはこうすると良いですよと、もっと提案してくれたら良かったのに、何も教えてくれなかった」

「こちらから何か要望を出すと、それはオプションなので高くつくと言われ、断念した」

という意見が目立ちます。なかでも、キッチンに関する不満が多いようです。

「流しや調理台の高さが自分に合っていない」

「夫や子供と一緒にお料理するのを楽しみにしていたけれど、実際にやってみたら、調理台と食器棚との間が狭いので動きがとれない」

「家電製品のコンセントの数が少ない。差し込み口の位置が悪いので使いにくい」

というように、細かいことだけれど、毎日のことだから不便で仕方がないという声をよく耳にします。

当社におみえになったあるお客様の場合はこうでした。

「リビングとダイニングを区切らずに、ひと続きにしたい。間取りを変更してほしい」

というのです。そういうご依頼は決して珍しくはないのですが、その方の場合は、まだ築10年ほどで、新築の範疇です。

「それでも、どうしてもリフォームをしたい。リビングもダイニングも、こんなに狭いとは思わなかった。建てるときはあまり時間もなかったので急いで決めてしまった。それが失敗のもとだった」

と後悔なさっていますが、どうしてもっとよく打ち合せや確認をなさらなかったのだろうと、お話を伺う私のほうでも悔しい思いをしました。

さらにひどいケースになると、

「家を建てた会社がつぶれてしまったのでアフターケアがない。リビングの壁紙がはがれたときや、キッチンのタイルがひび割れたときにはどうすればいいのだろう」

と困っている方もいらっしゃいます。

おおかたの場合、不便な点にはすぐに気がつくものです。前述の例とは逆に、

「リビングが無駄に広い」

「ウォークインクローゼットよりも書斎がほしかった」

などいろいろあります。

「一階から二階の物干し場まで、濡れた洗濯物を運ぶのが大変」

「ガレージから玄関まで荷物を運ぶ距離が長い」

「生ゴミを置いておく場所があると良かった」

「洗面所と脱衣室を別々にすれば良かった」

などなど、言い出したらきりがありませんが、たいていはちょっとした工夫で解決できる問題なのです。

設計の段階で、「こんなふうにすると快適ですよ」と提案することのできる設計士がついていると良いのですが、そうでなかった場合は、リフォームするというのも一つの方法ですね。

新築最大のメリットは耐震性

「子供が大きくなったので個室が必要」
「冬でも暗くないように、小さくてもいいから窓をつけたい」
「トイレに車椅子も入れるように広くしたい」

というように、リフォームをする場合は目的が明確であることが多いようです。

我々工務店がリフォーム工事を請け負う場合は、お客様の要望に沿いながら、いかに不満点を解消し、いかに予算内で工事を仕上げるかが腕の見せどころです。

全面的に間取り変更をする場合でも、「今住んでいる家に愛着があり、柱一本にも思い出もあるので取り壊したくない」とおっしゃる場合は、できるだけ現状のまま残してリフォームができるよう、設計に工夫を凝らします。

「この柱と梁は特別注文したものなので、どうしても残したい」とご要望があれば、いったん解体した後にまた、新居に組み入れることが可能です。

家の土台部分や骨組みといった構造をいじらなければ、工費は安くあがるのですが、予算などの諸条件が許すなら、一から建て替えるほうがメリットはあります。

新築することにより得られるメリットは、まず何といっても耐震性にすぐれていることです。

最新の耐震基準をクリアする構造の家づくりを土台から積み上げていくわけですから、**表面的にリフォームするだけの場合に比べコストは高くつきますが、丈夫で長持ちし、長年にわたって安心して暮らせる家になります。**

家はこう建てれば後悔しない

ここで、谷口工務店で家を建てた施主の方々のご感想を聞いてみてください。きっと、読者の皆さんのご参考になることと思います。


「家づくりは、構想から完成まで一年はかかります。慌てて決めて後悔することのないように、準備期間はちゃんととったほうがいい」

「何事も自分ひとりで判断せず、疑問があれば全部設計士にぶつけること。それに対して返ってきた答えに対してまた考える。家づくりはそれの繰り返しです」

「設計士さんと一緒に、ああしようか、こうしようかと考えている時間が一番楽しかった。家を建てる喜びは〝共感〟の喜びなんですね。楽しく建てるのが一番です」

「自分の尺度であれこれ考えずに、プロに任せることも大事です。プロの知恵があれば、無駄な費用をかけず、より良いものができるということがよくわかりました」

「設計のプロと二人三脚で進めることで、結果として、施主の経済的負担は軽くなると思います」

「打ち合せを重ねるなかで設計プランがいろいろと変更になる場合はあります。でも工事着工前に問題点をクリアしているので、あとはとてもスムーズにいきます」

「工事期間中も、要望に応じて設計プランを修正してもらえます。うちの場合は、神棚を設ける位置を変えるとか、その程度のことしか修正点を思いつきませんでしたけどね」

「注文住宅は、間取りや内装や設備など、自分たちで決められることが多いだけに、混乱したり迷走してしまったりということもあります。だから、思っていることを全部、設計の人に吐き出して、とことん話し合いをすることが大事だと思います」

「最初のうちは、寝室はこんな感じにして、風呂はこんな感じにしてと、いろいろ思い描いていたのですが、よく考えてみると、雰囲気が統一されていなくて、ちぐはぐでした。それでもこちらの要望どおりに工事を進めてしまうのが一般的な会社だと思います。うちはそうならずに良かった、と設計士さんと大工さんに感謝しています」

「ハウスメーカーの場合は、営業マンにいろいろ要望を出しても、設計士にその話が伝わっていなかったりして、自分たちの想いがそこで途切れそうな気がしました。でも谷口工務店では、最初から最後まで担当の設計士さんがフォローしてくれるし、大工さんとも直接話ができるので安心でしたね」

「いいものを選んで長く使う！　これが大事ですよ！」

読者の皆さんにも、ぜひこういう素敵な体験をしていただきたいと願っています。

やっぱり口コミが信頼できる

家づくりのパートナー探しをする際は、ネット検索をするのも良いけれど、より積極的に口コミ情報を集めるようにすると、信頼性の高い情報が得られると思います。

建築中の現場を見せてもらうのも良いことだと思います。現場を見て、自分の家づくりの参考にすることができます。

実際に家を建ててそこに住んでいる方々から、率直な意見や感想を聞かせてもらえると、なお良いですね。そこには家づくりのアイデアがいっぱい、ヒントもいっぱいです。

「家電製品の数が多いので、壁にコンセントをたくさん付けてもらったつもりだったんですけど、キッチンに一つ足りなかった。必要数だけでなく、余分に付けておくほうがいいかもしれませんね」

というような具体的なアドバイスが聞けるかもしれません。

私の工務店では、お施主様の方々のご協力により、「お住まい宅見学ツアー」というものを実施しています。

「谷口工務店に頼んで家を建てようかな」と検討中の方々10組ほどに参加していただき、実際に家を建てて生活をしている方々のおうちを見せていただくという企画です。

住んでみての感想、良かったことも悪かったことも聞かせてもらうことができるので、参加者の皆さんにとても喜ばれています。

「施主と工務店はこんなふうに一生つきあっていけるものなんだな」

「信頼関係が築かれているんだなぁ」

ということも、きっとよくおわかりいただけることと思います。

ハウスオーナーの方々が快く協力してくださることは、我が工務店にとって大きな誇りであり喜びです。

後悔知らずの「家づくりノート」

これから家づくりをなさる読者の皆さんに、私からひとつプレゼントをしたいと思います。

当社が使用している「家づくりノート」から、皆さんに役立つと思われる部分を抜粋してここに掲載いたします。

このノートに、あなたとご家族の思いを書き記してみてください。

きっといろいろな発見があるはずです。
そして、家づくりの夢が一歩、現実に近づくことと思います。

STEP1／現在の家の住み心地

・気に入っているところは？

（例）陽当たりが良い、キッチンが使いやすい、など

・不満なところは？

（例）段差が多い、家事作業スペースが狭い、など

STEP2／家づくりで優先したいこと

・ライフスタイル（仕事を優先したい、趣味を楽しみたい、休日は家族と過ごしたい、家族の会話、くつろぎのバスタイム、など）

・デザイン性（外観や内観の見た目の美しさ）

・ランニングコスト（光熱費や住まいの維持管理コスト）

・省エネ性（電気やガスの使用量を抑える）

・機能性（収納たっぷり、家事動線が短い、など）

・空気環境（室内の空気がクリーンであること）

・自然との共生（天然木や自然素材を使用した家にしたい、など）

・防犯性（外部からの侵入への対策）

・バリアフリー設計（高齢者への配慮、自分が高齢になったときの対策として、など）
・耐用性（可変的でフレキシブルな間取り、など）
・耐久性（長持ちすること）
・温熱環境（夏は涼しく、冬は暖かく、結露を生じない、など）
・構造（地震や台風に対する丈夫さ）

STEP3／玄関
・玄関の配置に関する希望はありますか？
（例）東入り、西入り、南入り、北入り、特になし
・玄関に収納したいものはありますか？
（例）靴〇足、コート、帽子、自転車、ゴルフ道具、釣り道具、など

STEP4／リビング
・リビングルームでの過ごし方は？
（例）ソファに座って、床（畳）に座って、その他
・必要な広さは？

（例）6畳、10畳、12畳、16畳、など
・リビングに置きたいものは？
（例）ソファ、コーヒーテーブル、テレビ、音響設備、サイドボード、趣味のコレクション棚、照明スタンドなど

STEP5／ダイニング

・食事をするときは？
（例）テーブルと椅子、ちゃぶ台を囲んで、その他
・食事以外でダイニングテーブルを使用しますか？
（例）子供が宿題をする、妻が趣味の手芸づくりをする、夫が書き物をする、など

STEP6／キッチン

・理想のキッチンの型は？
（例）I型、L型、アイランド型、ペニンシュラ型、その他
・キッチンの向きは？
（例）リビングと対面、壁に向かって、その他

・食器や調理器具の量は?
(例)多い、少ない、普通
・よく調理をするのはどなたですか?
(例)妻、夫、妻と夫、子供を含む家族全員で、など
・家電製品の種類は?
(例)電子レンジ、炊飯器、冷蔵庫、冷凍庫、オーブン、トースター、湯沸かしポット、コーヒーメーカー、ホームベーカリー、ジューサー、ハンドミキサー、ホットプレート、たこ焼き器、その他

STEP7/洗面所
・各階に必要ですか?
(例)要、不要
・脱衣所との関係は?
(例)分けたい、兼用で良い、特に希望なし
・洗濯機の形状は?
(例)ドラム型、タテ型、二層式

・お風呂の残り湯を洗濯に使いますか?
(例) 使う、使わない

STEP8/お風呂

・希望の広さは?
(例) 一坪タイプ、浴槽広め、洗い場広め、など
・希望の形状は?
(例) ユニットバス、ハーフユニットバス、オリジナル、その他

STEP9/トイレ

・各階に必要ですか?
(例) 要、不要
・便器の種類は?
(例) タンクレス、タンク付き、小便器、和便器、など
・必要な機能は?
(例) 暖房便座、ウォシュレット、その他

・手洗い設備は？
（例）便器と一体でも良い、手洗い器を付けたい、その他

STEP10／寝室

・室内の様式は？
（例）和室、洋室、その他
・寝具の種類は？
（例）布団、ベッド（シングル、シングル＋シングル、セミダブル、ダブル）、その他

STEP11／子供部屋

・何室必要ですか？
（例）1室、2室、3室、不要、その他
・形状は？
（例）最初はフリースペース（子供が大きくなったら間仕切りで個室に）、完全個室、など

STEP12／客間

・お客様専用の部屋が必要ですか？

（例）要、不要

・必要な場合、部屋の様式は？

（例）和室（畳）、洋室、その他

STEP13／個室

・個室は必要ですか？

（例）要、不要

・部屋の様式は？

（例）和室（畳）、洋室、その他

・他の部屋との関係は？

（例）完全に間仕切る、半間仕切り、壁面クローゼット、その他

STEP14／書斎

・独立した部屋として「こもり部屋」が必要ですか？

（例）要、不要

・どなたが使われますか？

（例）夫、妻、その他

・どんな作業をしますか？

（例）読書、書き物、趣味の活動、仕事、その他

STEP15／家事スペース

・独立した部屋として家事室が必要ですか？

（例）要、不要

・部屋の一部にカウンターなどを配して、家事コーナーが必要ですか？

（例）要、不要

・どんな作業をしますか？

（例）洗濯、物干し、アイロンがけ、ミシン、編み物、書き物、その他

STEP16／階段

・階段の配置は？

（例）リビングから上がる、玄関を入ってすぐ、特に希望なし

STEP17／物干しスペース

・洗濯物はどこに干しますか？

（例）室内干し、ベランダ、庭、サンルーム、その他

STEP18／クローゼット

・服は何着くらいありますか？

（例）衣裳ケース○箱、タンス○棹《さお》、ハンガーにかかった服○着、その他

・収納の形状の希望は？

（例）ウォークインクローゼット、壁面クローゼット（押入れ）、その他

STEP19／駐車スペース

・車の車種と台数は？

（例）自家用車○台、自転車○台、バイク○台、その他

・ガレージに屋根は必要ですか？

（例）要、不要

STEP20／外構《がいこう》＋庭

・ご希望されるものは？

（例）ウッドデッキ、テラス、芝生、植栽、菜園、畑、外水栓、門扉、境界塀、フェンス、その他

STEP21／設備

・照明の色合いの好みは？

（例）明るめの光、暗めの光、その他

・テレビを設置したい部屋は？

・DVDやブルーレイレコーダーを設置したい部屋は？

・オーディオ音楽プレーヤーを設置したい部屋は？
・電話を設置したい部屋は？
・パソコンやインターネットを設置したい部屋は？
・その他、ご希望の設備は？
（例）太陽熱発電、パッシブソーラーシステム、エネファーム、雨水利用、地下水利用
・希望の防犯システムは？
（例）雨戸、面格子《めんごうし》、シャッター、防犯ガラス、防犯システム、その他

STEP22／外観

・お好きな外観の雰囲気は？
（例）純和風、和モダン、洋風、煉瓦造り、シンプルな木の家、その他

STEP23／家具リスト

・新居に持ち込みたい家具のサイズを測ってリストアップしてみてください
（例）タンス（茶色）幅○センチ×奥行○センチ×高さ○センチ

・置きたい場所は？
（例）タンスを寝室に、など

以上です。お疲れ様でした。新しい暮らしのイメージがだいぶ具体的になってきたのではないかと思います。

「家づくりノート」をもとに、プランを練りあげていきましょう。それは、家づくりの全プロセスにおいて最も楽しい時期です。

ご家族みんなで話し合うのはもちろんのこと、プロの設計士を交えて話し合うようにするとなお良いですね。入魂のベストプランに近づいていくことでしょう。

- [ ] STEP 12 客間
- [ ] STEP 13 個室
- [ ] STEP 14 書斎
- [ ] STEP 15 家事スペース
- [ ] STEP 16 階段
- [ ] STEP 17 物干しスペース
- [ ] STEP 18 クローゼット
- [ ] STEP 19 駐車スペース
- [ ] STEP 20 外構＋庭
- [ ] STEP 21 設備
- [ ] STEP 22 外観
- [ ] STEP 23 家具リスト

Check Lists

- □ STEP1 現在の家の住み心地
- □ STEP2 家づくりで優先したいこと
- □ STEP3 玄関
- □ STEP4 リビング
- □ STEP5 ダイニング
- □ STEP6 キッチン
- □ STEP7 洗面所
- □ STEP8 お風呂
- □ STEP9 トイレ
- □ STEP10 寝室
- □ STEP11 子供部屋

コラム②　心から喜んでもらえる家

私は高校卒業後、大手ハウスメーカーに就職することができたのは良かったけれど、「大企業に職を得たのだから、これで一生安泰だ」という気持ちは一切ありませんでした。むしろ不安や焦りのほうが強く、「来る日も来る日も、規格の建築材を組み立てるだけ。ここでこうして大工の仕事をさせてもらっても、修業にはなりそうもない」と悩んでいたのです。

ハウスメーカーも一企業ですから、利潤を追求するのは当然のことです。作業の効率アップを図るため、営業・設計・現場監督・大工、と仕事を分業化し、スピーディに家づくりを仕上げていきます。

でも、その家に住む人と大工との間に距離が生まれ、お互いに顔を見たこともなければ思いも伝わらないというのはデメリットです。

お客様は家族の幸せを願って一大決心をし、ローンを背負ってマイホームを購入なさったのでしょう。それなのに大工や職人がお客様の顔さえ知らず、現場を見に来られても挨拶もしない、できないというのは、どう考えてもおかしなことです。

昔は、大工の棟梁が接客をし、見積もり、設計、施工、アフターメンテナンスまで、すべてを一貫して請け負っていました。家に関する「ものづくり文化」の担い手といえる存在でした。

大工や棟梁というのは、無愛想で話しづらい人というようなイメージを持たれるかもしれませんが、気さくで話し好きの大工だって大勢います。私の父もそうでしたが、私も人と会って話をするのが好きなタイプで、お客様と心を通わせ、手応えの感じられる仕事がしたいと望んでいました。

それに、せっかく家を建てていただいたのに、一世代が住み終えたら解体し、別の施主がまた新築をするというような、使い捨ての文化には馴染めないものがあります。

それでも、当時は私も企業に雇われる身でしたから、周囲のペースを乱さずに働くしかありませんでした。少なくとも3年は続けよう、3年頑張ったら独立しよう！と心を決めて、日々精進していました。
そして迎えた4年目、私は直属の上司に願い出ました。「親父の工務店を継いで大工の仕事をしたいと考えています。私を独立した一業者として見ていただき、これからもおつきあいしていただけませんか。下請け仕事でも何でも、手伝わせてください」と。

上司からは「おまえが一本立ちするなんて100万年早い！」と怒鳴られました。それでも私の決心はまったく揺るぎません。
何度もしつこく独立を願い出る私に、上司は、「一人で家を建てる自信があるのか。だったら、その仕事の腕を見せてみろ！」と言いました。私はつねに真剣勝負の姿勢で仕事に取り組んできましたが、さらに実績をつくることを求められたのです。

（113ページに続く）

第3章
夏は涼しく冬は暖かい、快適な家づくり

高断熱・高気密な家

　ここからは、谷口工務店の実際の施工例をご紹介しながら、具体的にどのような設計プランで家を建てると良いかについてお話ししていきたいと思います。土地の広さ、方角、日照などに関する問題点をいかにクリアするかといった方法についても、詳しく説明していきます。

　でもその前に、まずは、高断熱・高気密というものについて話をさせてください。「夏は涼しく冬は暖かく、快適に過ごせる家」は誰もが望むところでしょう。その望みを叶えるうえで基礎となるのが、高断熱・高気密の工法です。

　高断熱とは、外気の温度の影響を受けにくいことです。

　外は気温0度で強風が吹く寒い日も、5分か10分だけエアコン暖房をつければ室温20度になり、エアコンを消しても室温20度を保つことができる家もあれば、一日中暖房をつけていてもちっとも暖かくならない家もあります。

高気密とは、簡単にいうと、隙間風が入ってこないことです。

高断熱・高気密かどうかは、そこに住んでみればすぐにわかります。ただし、目で見るだけでは判断ができず、ましてや建築のことはまったくわからないという一般の方々には判断がつきにくいと思います。

それでも、断熱材にどんなものを用いるか、窓枠はどうするかなど、家を建てる前にあらかじめ、目で確かめて選ぶことはできます。

高断熱・高気密を実現するうえでとても重要なのは、断熱材と窓枠の選定をしっかりとすることです。

家を建て、どれだけ高気密が実現しているかを計測するために、我々建築業者は、ある実験検査をします。計測機器を用いて家の中を真空にし、C値（隙間相当面積）というものを割り出し、その値が基準以下であることを確認するのです。

そうした検査をせずに、高断熱・高気密を謳っているハウスメーカーもありますから、この点は留意していただきたいと思います。

断熱材はコストより耐久性で選べ

断熱材を用いる目的は、夏は涼しく冬は暖かい家にすることです。

・快適な室内環境の実現
・壁や天井、床の温度を一定に保つ
・部屋ごとの温度差をなくし、健康維持をはかる
・結露防止
・省エネルギーによる光熱費節約とＣＯ２（二酸化炭素）削減

これらの目的を十分に果たす、性能の高い断熱材を選んでください。

住宅では一般的に、グラスウールという断熱材が使用されます。国土交通省の認定をとりやすく、また低価格であることが特長で、そうしたことから最も多用されているのだと思います。

ただし、グラスウール断熱材はガラスを繊維状にしたものなので、湿気を吸い、壁の内部で結露を生じることがあります。そこからカビが生え、断熱材そのものがボロボロになってしまうこともあります。湿気を吸ったぶん重くなって垂れ下がり、断熱材がある場所とない場所があるというように、偏りが生じることもあります。

グラスウールに次いで多用されているのが、ロックウールです。これは岩石や鉱石（高炉《こうろ》スラグ・珪石《けいせき》・玄武岩《げんぶがん》など）を溶かして繊維状にしたものです。

その性能はグラスウールとほぼ同等で、湿気を吸いやすいことが難点です。グラスウールに比べ、価格は多少高くなります。

断熱材を選ぶ際には、そのコストよりも耐久性を重視するべきです。

谷口工務店では、硬質ウレタンという断熱材を用いることがほとんどです。それは冷蔵庫や魔法瓶にも使用される発泡系の断熱素材で、性能も耐久性も共に高いことが最大の特長です。

押出ポリスチレンフォームというのも、性能・耐久性共にすぐれた断熱材です。これはプラスチックを発泡させてつくる建築材で、さまざまな建築材とくっつきやすいので、複雑な構造の箇所に用います。

発泡スチロール系の断熱材は化学物質ではありますが、この断熱材の上に耐火ボードを張り、さらにその上に自然素材の塗り壁を施しますので、体に有害な化学物質が室内に飛び散るようなことなく、健康上の問題が生じることはありません。この断熱材を用いた家で暮らす方々に伺うと、「以前の家に比べて過ごしやすくなった」という声が多数あります。

今ここに述べた硬質ウレタン断熱材の見本が、あなたの目の前にあるとしましょう。10センチ×10センチ×10センチのサイコロ型の見本です。これを両手ではさむようにして触れていただくと、手の温度を反射して、じんわりと温かく感じられるはずです。

当社では、厚さ約10~12センチの硬質ウレタン断熱材を用いて、床も壁も天井も、その裏側はすべてすっぽりと覆います。こうすることにより、内装の壁の内側、床下も、外気温の影響を受けにくくなり、表面温度が一定に保たれます。室内温度を21度に設定してエアコンを稼働させれば、壁の温度も床の温度も21度になり、その状態が保たれるわけです。

そうした断熱を施していない家ではどうなるでしょう。外気温が0度の際には、室内の壁や床の温度は、良くて10度ほどです。冷たい壁、冷たい床に囲まれた部屋は、暖房で温めようとしてもなかなか温まりません。

高い気密性は防音にもなる！

断熱性のみならず、気密性を高めることも重要です。そうでないと、せっかく断熱効果の高い素材を用いても、効果が半減してしまうのです。

そこで当社では、北海道などの酷寒地で実績を挙げた「FP工法」というものに倣《なら》い、徹底して気密性を高める施工を行なっています。具体的にいうと、次のとおりです。

・柱や壁の木材が縮まないようによく乾燥したもののみを使う。
・木材が縮んだ場合も隙間があかないように、クッション性のある素材を補う。
・隙間が生じることが予想されるあらゆる箇所に気密テープを貼ってふさぐ。
・開口部である窓に用いるサッシに、断熱性と気密性の高いものを使う。
（アルミサッシは熱伝導率が高く、結露しやすい）
（樹脂サッシは高気密・高断熱にすぐれ、結露が生じにくい）

（外側はアルミ、内側は樹脂の複合サッシは、耐久性にすぐれるものの、断熱性は樹脂サッシよりもやや劣る）
（木製サッシは自然な風合いが魅力で、アルミサッシよりも断熱性が高い。ただし高価で、メンテナンスも必要）

というわけで、当社では主に、樹脂複合サッシをおすすめしています。

気密性を高めると、家の中で楽器を演奏したとしても、外に音が漏れにくくなります。体験者の声を聞いてみましょう。

「娘が家で毎日ピアノの練習をするので、ご近所迷惑にならないかしらと心配していましたが、音はそれほど漏れていないようです。それだけ気密性が高く、防音効果もあるということですね。ただ家の中で少し音が反響するようで、娘も私たち家族もまったく気にしていませんが、調律師の方がいらっしゃると、えっ、ここはふつうの家と違いますねと驚いています。そういえば、外で雨が降り出しても気づかないことがよくあります。雨音が聞こえないからですね。それに、家の中がとても暖かいので、雪が降っても気づかないくらいです」

こうした高断熱・高気密の家をつくるにあたり、断熱材にかかる費用はおよそ

100万です（家の広さにより異なります）。

断熱材の性能を重視してそこにお金をかけるか、または家の外観やシステムキッチンなどにお金をかけるか、それは施主であるお客様自身が決めることですが、工務店としては、ぜひとも良い断熱材を選んでいただきたいと願っています。

20～30年の長いスパンで考えれば、断熱材にお金をかけても元はとれます。冷暖房費が毎月数万円かかるところ、当社の施主様は数千円で済むというお宅がほとんどなのです。それに何より、快適さに勝るものはないでしょう。

この点に関しても、体験者の声を聞いていただきたいと思います。

「寒い冬も、家の中が暖かいのでよく眠れるようになった」

「朝は寒いから布団から出たくない、なんていうことがなくなった」

「風邪をひかなくなった」

「寒いと入浴がストレスになるが、それもない。今ではお風呂が一番の楽しみだ」

こうした体験者のご意見・ご感想は、決して誇張などではなく、まさしく生活実感なのだと思います。

「木造＝寒い」は間違い

マンションは気密性が高いので暖かい、木造住宅は寒いという印象を抱いている方もいらっしゃるかもしれません。

たしかに、マンションはその構造からいって気密性が高く、キッチンで換気扇を回しているときなどは特に、室内の空気が換気口に引っ張られるため、玄関のドアを開けるにも力いっぱいに押さないと開かないということがあるでしょう。

また、床暖房を稼働させると、足元から熱が上がってくるのでとても暖かく感じられます。けれども、床暖房を切ると、すぐまた寒くなってしまうということはないでしょうか。

その理由は、マンションだからといって高断熱とは限らないからです。

木造であっても、高断熱・高気密の造りならば、家の中は冬でもじんわりと暖かさを感じられます。夏の暑い日には、外気の影響を受けることなく、涼しく過ごすことができます。

軒先の庇《ひさし》は長くする

夏は涼しく、冬は暖かく過ごせる家にする方法の一つとして、庇を長くすることをおすすめします。

外壁が劣化する原因は直射日光と雨ですから、昔から、軒先の庇は長くしたほうが良いとされてきました。

しかし、庇の役割はただそれだけではありません。

夏は太陽が空高く昇るため、窓から室内に射し込む光の量は減りますが、少しでも光が射し込むと、室温はぐんぐん上昇します。ですから、庇を長くしておくと良いのです。庇があるおかげで、夏の直射日光を室内に入れずに済みます。

冬はその逆で、太陽の位置が低いため、陽射しは長く伸びて室内にたっぷりと入ってきます。長い庇があっても、それが邪魔になることはありません。

「OMソーラー」という秘密兵器

高断熱・高気密の施工、また庇の効果により、室温を快適に保つことができます。

そこにさらに、OMソーラーという設備を加えるなら、家の中はつねに完璧なまでに快適な温度を保ち、外の新鮮な空気が循環する家となります。

OMソーラーというものを、あなたはご存知でしょうか。普及率はまだ低く、全国の工務店のうち100社ほどがこのシステムを採用しているのみですから、一般の方々はご存知でない場合が多いかもしれません。

OMソーラーは、太陽エネルギーを活かす仕組みになっており、その本体を屋根に取り付けます。太陽光の熱を利用して暖房をしたり、冷房をしたり、温水をつくったりするわけです。

夏は冷たい空気を家の中全体に送り込み、局所的な冷房とは異なる快適な環境をつくってくれます。また、太陽光の熱でお湯を沸かすことができ、お風呂やシャワーに利用することができます。

夏も冬も、光熱費がさほどかからない家になりますね。OMソーラーシステムと太陽光パネルを組み合わせて、光熱費ゼロの家にしたという方もいらっしゃいます。

太陽光を受けて稼働することから、別名「パッシブソーラー」とも呼ばれていますが、パッシブ（受動的）で頼りないのかというと断じてそんなことはありません。太陽さえ出ていれば、たとえ停電になったとしても稼働が続行するので、実に頼りになります。住む人と環境に優しいシステムです。

OMソーラーによく似た他のソーラーもあり、私もいろいろと調べてみましたが、結局これが最もエコで良い、という答えに辿り着きました。初期費用が350～400万円ほどかかりますが、真冬でも暖房をあまり必要とせず、暖かく過ごすことができます。（東北や北海道などの酷寒地では、やはり暖房が必要となる場合もあります）。

「魔法瓶」のような家

ややや専門的な話になりますが、ＯＭソーラーの仕組みについて説明しましょう。

屋根に太陽光パネルを取り付け、そこに太陽熱を蓄電すると共に、熱で温まった空気（夏場は冷たい空気）を室内に取り込みます。

より詳しくいうと、ダクト（壁に埋め込んだ煙突のようなもの）を通して、床下にある基礎コンクリートに囲われた空洞部分に流し込むわけです。空気を送り込む動力は電気ですが、この電気も太陽熱発電によるものです。

家の床下全面に、快適な温度の空気が行き渡ります。

温かい空気は上に上がっていきますので、それに伴って室内の温度が上がります。まず一階部分が温まり、続いて二階部分も温まります。

その温かい空気をダクトが吸い込み、再び床下に流します。それがまた室内に戻って、というように循環していくわけです（夏の冷風の場合は、上から下へと流れます）。

私の工務店がある滋賀県の場合でいうと、年に数回だけ気温が氷点下になることがありますが、冬の寒い夜でも少なくとも4度はあるということが多いようです。

そんなときも、OMソーラーが稼働する家の中は、室温15度を保っています。少し肌寒いかなと感じますが、エアコンを室温20度に設定して、5分～10分もつければすぐに温まります。

そもそも、硬質ウレタン系の高性能断熱材を使っていれば、魔法瓶の中に暮らしているのと同じようなものですから、温まり方も早く、また冷めにくいのです。

室内の壁も床も温まっているので、外の空気が入ってきても気温は低下しにくいのです。

外の新鮮な空気が太陽熱によって温められて屋内を循環しているのですから、これは快適です。

窓を開けるまでもなく、いつも清々しい空気を味わうことができます。

といって、隙間風を感じるというようなものではありません。意識していないと感じられないほどの微風がそよぎ、しかもその微風が室温とほとんど同じ温度なので、寒さを感じさせないのです。

新鮮な空気が太陽の熱で温められ、しかもフィルターを通してきれいな空気となって入ってくるので、花粉症やアレルギーなどの気になる問題も改善されていくことでしょう。

壁の中に埋め込むダクトは1本だけですが、二系統の切り替えができます。

一つは、外から空気を入れた分、室内の空気を外に放出する系統。

もう一つは、外の空気を取り込まずに、温かい空気をぐるぐる循環させる系統です。

この二系統の切り替えは自動で行われます。

屋根の高い位置に取り付けた温度センサーが働き、外気の取り入れが必要かどうかを判断して、切り替えを行っています。

夏は涼しく、冬は温かい家

ここで、OMソーラーを搭載した家に住む方々のご意見・ご感想を紹介します。

「以前は木造2階建てのテラスハウス賃貸物件に住んでいて、リビングに大型エアコンを設置していました。

夏は一日中冷房をつけていても、トイレなんかサウナのように暑く、2階も暑い。

冬はエアコンとファンヒーターの両方をつけても寒かった。

それが今では、各フロア1台ずつにエアコンがあるだけで、家中どこも暖かく、夏は涼しいので助かっています。

トイレまで快適温度なんですよ」

「うちではエアコンを各部屋に取り付けました。

でも温かい空気は2階に上がるし、冷たい空気は1階に下がるので、1階と2階にそれぞれエアコン1台ずつで良かったかも。

夏も冷房をつけていると寒くて眠れないほどなので、1時間だけ稼働させ、タイマーでスイッチオフしています。暖房も、少しの間だけ稼働させればオッケーです」

「空気が淀むとすぐに頭が痛くなる体質なのですが、24時間換気の効果は絶大で、すっかり体調が良くなりました。

気密性が高く、隙間のない家であっても、いつも新鮮な空気が流れているんですね。各部屋に給気口があり、バス、トイレ、2階の押入れの中に排気口がある。ここから空気が出入りしているのだそうです。それがまったく目立たないのもいいですね」

「以前の家は寒くてキッチンに立っているときもつらかったのですが、今は全然違います。

冬はとても暖かく、夏場もエアコンはほとんど使っていません。外から帰るとひやっと涼しく感じるくらいですから」

ハウスオーナーの皆さん、貴重なご意見・ご感想をお聞かせいただき、ありがとうございます。

こうした生の声が、読者の皆さんの今後の家づくりプランに役立つなら、本当に嬉しいことです。

【施工例1】ガレージをつぶして建てた家

●**施主**…20代後半のカップル

●**家を建てようと決めた理由**…結婚を考えているので家が必要。アパートを借りるにはお金もかかるし、家賃がもったいない。両親の家では土地に余裕があり、南西部分の駐車スペースに家が建つかなと思った。

●**立地条件**…陽当たり良好。風通しも良い。

●**土地の活用法**…ご両親が暮らす母屋はそのままに。若夫婦のためにガレージをつぶして家を新築。建坪面積は狭いが、快適に暮らせるように間取り設計。

●**間取り**…2階部分にダイニングキッチンとリビング（LDK約26平米）、ベランダ（物干しスペース）、1階部分に寝室とバストイレ、玄関。

●**オプション**…造作家具（キッチンカウンター、食器棚、寝室の収納棚、市販のベッドにコンセント付きのヘッドボードを後付け）。

造作家具は統一感をもたらす

●住んでみての感想…

・母屋への配慮が行き届いた間取り設計がとても気に入っている（寝室を1階に、日中過ごす時間が長いリビングを2階にしたのが良かった。母屋ではそれとは反対の生活パターン）
・造作家具がカッコよい、インテリアの統一感がある、おしゃれな雰囲気、使いやすい。
・ちょっと狭いけれど掃除が楽でいい。
・家を小さくしても狭く感じさせない設計力があるのだと実感。
・子供が生まれて家族4人になったが、広さはこれで十分。
・採光も風の通りも良い立地だったことに加え、とにかく家中暖かい。夏は涼しくて過ごしやすい。

●谷口工務店から一言コメント…

家づくりには多数の工程があるので、「ここでちょっと良い材料を使っても5万円アップするだけ」と思っていると、全体で何百万も高くなることがあります。そうした場合、業者によっては、壁の内部構造や土台といった目に見えないところでコストダウンすることが多いようです。

私は、家そのものの品質を下げることには絶対に反対です。

ではどこでコストダウンするかといえば、一番良い方法は家を小さくすることです。8帖の部屋を6帖部屋にするとか、40坪の家を36坪にするというようにしていくと、坪単価60万として、単純計算で240万ほど安くなります。たとえば、その分をOMソーラーシステムに投じるというのは、とても賢い選択だと思います。家を小さくすることにより、冷暖房の効果はよりいっそう高まりますし、一石二鳥です。

家の構造には断じて手を抜かず、小さな家でも狭さを感じさせない間取り設計にして、断熱性と気密性、快適性を追求していくことをおすすめします。

コラム③　大工としての1本立ち

「親父の工務店を継いで大工の仕事をしたいと考えています。私を独立した一業者として、これからもおつきあいいただけませんか。下請け仕事でも何でも、手伝わせてください」と上司に願い出て、「おまえが一本立ちするなんて100万年早い！」と怒鳴られてからの1年間、私は一人でも家が建てられることを証明するために、無我夢中で働きました。

人の2倍から3倍は努力をしたと思います。

その1年間に、私は10棟の家を建てました。父は現役の棟梁で、その仕事ぶりを見て育った私ですから、やろうと思えばどんなこともやれるはず、と確信していました。

そして、そのとおりの成果を挙げることができたのです。会社に多大な利益をもたらしたことと思います。

そのときの経験こそ、私にとっては良い修業でした。

「大工の仕事は、ただ建築材を組み立てるだけじゃない。どうすれば住む人がより快適に、より楽しく過ごせるだろうと考えをめぐらせなければだめだ。些細な点にも手を抜かず、工夫を凝らしてこそ、他を一歩も二歩も抜く良い仕事ができるのだ」

ということを、我が身に刻み込んでいったのです。

その甲斐あって、私は勤務先のハウスメーカーの一取引業者となることを正式に認められました。

当時まだ22歳という若さだったことに加え、そのハウスメーカーから独立を果たす第一号となったのですから、我ながらよくやった、快挙だったと思っています。

大手ハウスメーカーから独立を果たした後は、経済面では一気に、大成功ともいえる水準を獲得しました。月々給料をもらっていた頃に比べ、3倍近くも収入が跳ね上がったのです。

仕事は順調にいきました。

そして独立して6年後、私が28歳のとき、家を新築した施主の方々を対象に実施された「お客様満足度調査アンケート」で、我が谷口工務店が関西エリアにおけるトップ、第一位の栄誉に輝くという快挙を成し遂げたのです。

本当に涙が出るほど嬉しくて、ありがたいことでした。

しかし、喜んでばかりもいられなかったのです。仕事の大半はハウスメーカーの下請けですから、やっていることの内容は以前とさほど変わりません。これでいいのかな、と迷いを感じ続けていました。

そうこうするうちに、バブルがはじけ、急激に家が売れなくなったのです。

ハウスメーカーの売り上げは激減し、私の工務店でも、受注金額が限界ギリギリまで抑えられることが相次ぎました。

不当に安い値段で仕事を任され、しかも、何か不具合があれば、下請け業者の責任にされることが続きました。

これには、いくら辛抱強い私でも、やはり愚痴を吐いてしまいましたね。

（１３６ページに続く）

第4章

自然素材の
健康で丈夫な家

木のここがスゴい！

木の良さについては、すでにご存知のことも多いと思いますが、もっと多くの人に、木の良さを知っていただきたいと思い、改めてここでお伝えいたします。

・感触が優しい

木に手を触れると、温かく優しい感触がします。コンクリートや鉄に触れたときのような、硬くひやっとした感じがありません。ぶつかると痛いだろうな、という危険な感じもあまりありません。階段の手すりや、乳幼児向けのおもちゃによく使わるのも、このあたりに理由があるのでしょう。

温かさの秘密は「熱伝導率」、つまり熱が伝わる速さにあります。金属のお箸を沸騰したお湯につけるとすぐに熱くなって持てなくなりますが、木のお箸ならば平気ですよね。木はすぐには熱くならないのです。

木は熱伝導率が低い素材なので、温度を奪いにくく、冬でも温かく感じさせます。そのため、フローリングなどの建築材によく用いられます。適度に温かく、柔らかい木の床は、足にも負担が少なく、また衝撃緩衝効果もあります。

木の床は衝撃を和らげるので、足への負担が少なく、もしも転倒してしまった場合の痛みやケガを軽減する働きもあります。小さなお子さんや年配の方にも安心な素材といえますね。

・軽くても強い

強度の面ではどうでしょう。コンクリートや鉄などの建築用構造材料に比べ、木はどうも弱いようなイメージがありませんか。けれども実は、木はとっても強いのです。

各種材料の強さを測るために比強度テストを行い、強度を密度で割った数値を比較すると、木材（スギ）の圧縮強度は花崗岩の2倍、コンクリートの6倍になります。引っ張り強度も、木は鋼鉄の4倍、コンクリートの197倍という数値が出ています。

耐震性でいうと、地震エネルギーは建物の重さに比例するので、家の重量が軽いほど耐震性が高いということになり、この点でも木は有利です。

木を伐採した後、建築材として使用する場合は必ず乾燥させますが、乾いていく間に徐々に耐久性が高まっていくのも、他の材料にはない強みです。

木は見かけよりもずっと強い素材なのです。その強さを生かし、家づくりの土台にはヒノキやヒバが、柱や梁にはヒノキやスギが使われています。

・疲労感や精神的不安感を軽減

木には、疲労感を軽減させ、精神を安定させる働きがあるとされています。

ある調査の結果を見てみましょう。

一日の大半を木造の校舎で過ごす生徒や教師と、コンクリートの校舎で過ごす生徒や教師を比較して、どのような違いあるかを調べたところ、コンクリートの校舎で過ごすグループよりも、木造の校舎で過ごすグループのほうが、疲労の度合いが軽く、「眠気」「だるさ」「注意散漫」なども見られなかったそうです。

さらに、教師のみを対象として「蓄積疲労のアンケート」を行なったところ、気力の減退や不安兆候といった精神的な疲れを訴える度合いは、木造校舎のほうが少ないということが示されました。

さらに、保健室の利用者数や病気欠席者数、不登校児童数、学級閉鎖数においても、木造校舎のほうが少ないという結果が出ています。

こうした結果に注目が集まり、木造建築の校舎や幼稚園・保育園が増えています。この流れは、一般家庭の住宅にも波及しつつあるようです。

・香りが心を癒す

木の香りは、人に良い影響を与えるといわれています。

木の香りの成分は「フィトンチッド」という物質で、高い抗菌性があると共に、ストレスの解消にも効果があるとされています。

また、スギの香りは脳の活動と自律神経の働きを鎮静化し、リラックスさせることがわかっています。さらに、血圧低下や脈拍の乱れの改善、快眠など、数多くの効果をもたらしてくれるそうです。

良い香りのする家は、実に心地の良いものであり、健康にも良いとなれば、まさに一石二鳥です。

・目に優しい

太陽の光は本当にありがたいものです。

しかし紫外線は肌に悪影響を与え、目を疲れさせることがあります。家の中にも燦々と日が射し込むのは気持ちの良いものですが、あまりに明るすぎてまぶしいほどだと、目が疲れてしまうでしょう。

そうしたことが起こりにくいのが、木の家です。木は紫外線を吸収し、反射を抑え込む作用があります。

紫外線の反射率を調査する実験の結果を見てみましょう。反射率が高い順に並べると、アルミニウム、コンクリート、そして木材となっています。

木がまぶしさを軽減するというのは、読者の皆さんも実体験としておわかりのことと思います。日差しの強い日にコンクリートのビル街を歩くと、まぶしくて目を開けていられないこともあります。でも、木の建物の近くに寄ると、なんとなく落ち着きます。その理由は、太陽光の紫外線が木材の細胞内で拡散反射する、つまりは吸収されて抑え込まれているからです。

木は紫外線を吸収して反射を抑え、その一方で、赤外線を効率良く反射させるということもわかっています。ですから、日だまりの暖かさを損なうことはありません。冬は暖かく、夏は涼しく過ごせる家をつくる材料として、木はうってつけです。

ただ、一口に木といっても、さまざまな種類と使い方があります。それぞれの木材の特徴、性能、質感、色合い、表情を良く吟味して、適材適所に使用することで、快適な住空間が生み出されます。

・環境にも優しい

木は人の心と体に優しいだけでなく、環境にも優しい。そのことは読者の皆さんもよくご存知のことと思います。

木材は森林がつくり出す貴重な資源です。木材そのものが自然の一部ですから、周囲の自然環境を破壊したり、害になったりということはほとんどありません。木の家を例にしていうと、解体した後は土に還ります。

木は空気中の二酸化炭素を吸収し、酸素を吐き出すという「光合成」によって成長しますが、そうした生育の過程において、二酸化炭素を蓄えることができます。

成長した木を伐採し、新しい苗木を植えて育てるということを繰り返し行えば、地球温暖化の原因とされている二酸化炭素を削減することに大きく貢献できます。

人間が活動することから生じる二酸化炭素の排出量と、森林（スギ）が二酸化炭素を吸収する量を比較してみると、森林というものの存在がいかに重要かがわかります。

例を挙げると、人間一人が呼吸により排出する二酸化炭素の量は年間320kgです。これをスギの木ならば23本で吸収できます。

ちなみに、40坪の木造住宅でざっと90本のスギの木が使われています。

さらにつけ加えると、木材は鉄やアルミニウムと比べ、製造や加工に必要とするエネルギーがとても少なくて済みます。例えば、木材の生産に必要なエネルギーはコンクリートを生産する場合の約7分の1、鋼材生産の約330分の1という少なさです。

このような観点から考えても、木は地球環境に優しいエコロジーな素材であることは間違いありません。

できるだけ国産の木を使いたい理由

日本は国土の3分の2が森に覆われた、世界でも有数の森林国です。森は水源を豊かに保ち、土砂災害を防ぎ、私たち人間の心を癒してくれます。

昔から、日本人は森の恩恵を受け、暮らしや産業に活かしてきました。しかし近年は、外国産の安価な木材が多く輸入されるようになったため、日本の林業は経営が悪化し、森林の手入れも十分になされないまま放置されている例が増えています。

せっかく守り続けてきた「植える→育てる→伐る→また植える」という循環が途切れ、森の荒廃が進んでいます。

木を伐り出せば、森の地面にまで太陽の光が届き、植物の新芽が育ちます。そうして育った木を伐って使い、また植えて育てる。この循環を継続させることが、森と環境を守ることにつながります。

私たち一人ひとりが森のために何かしらの行動を起こせば、それがやがて大きな力となり、日本の森の豊かさを取り戻し、子々孫々に受け継いでいけるはずです。

私は大工の一人として、できるだけ国産の木を使うように心がけています。もちろん、施主であるお客様のご要望・ご予算に見合うよう、輸入材を用いる場合もありますし、輸入材でも日本の気候風土に合うものは多種多様にあるのですが、それ以上に、日本の森から産出された木材を使って家を建てることに大きな意義を感じています。

子供の健康も家に左右される

あるご夫婦が家を新築することになり、「喘息を患っている子供の健康のために、木の家にしよう」と意見がまとまり、ではさっそく住宅展示場へと、見学に行かれたそうです。

そこでは、半ば予想していたこととはいえ、本物の木の家など一棟もなく、鉄骨の上にベニヤ化粧板が貼られたモデルハウスが建ち並んでいるのを見てがっかりしてしまったとのこと。

その帰り道にたまたま、谷口工務店の施工現場を通りかかったのでしょう。興味深そうに立ち止まって眺めていらっしゃるので、「こんにちは。よかったら中を見ていきませんか」と大工が声をかけたのでした。

そこでこのご夫婦がどんなものを目にし、どんな発見をしたか、読者の皆さんにもぜひ知っていただきたいと思います。

「木の家を建てるなら、木はこうして使うと良い」ということがおわかりいただけるでしょう。

〈目が痛くならない、鼻がツンとしない〉

このご夫婦がまず驚いていらしたのは、現場の空気がとてもクリーンで清々しく感じられたことだったそうです。

驚かれるのももっともです。

通常、住宅の工事現場には、多種多様な化学物質が含まれる建材やビニールクロス、接着剤、塗料、シロアリ予防の薬剤などが大量に置かれていて、中に一歩入ったとたん、目が痛くなったり鼻がツンとしたりするものだからです。

家が完成してからも、建築材が内包する化学物質は空気中に漂い続けます。そのために体調を悪くしてしまうというのが、いわゆる「シックハウス症候群」と呼ばれる症状です。

これは大きな社会問題となり、どこのハウスメーカーも揮発性《きはっせい》化学物質濃度の高い材質は使用しないようになりましたので、だいぶ改善がなされたと思います。それでも敏感な人は症状が出てしまうので、化学物質は極力使わないようにすることが望ましいでしょう。

谷口工務店が建てる家は、自然の木材を主な材料としていますから、シックハウスの原因となるホルムアルデヒドの濃度は低いといえます。工事期間中も、そして完成後にお引き渡しをする際にも、機械を用いて濃度を計測していますが、つねに厚生労働省の基準値を下回っています。

〈床材には無垢の木がおすすめ〉

無垢の木は、夏はさらさらとしていてベタつかず、冬はほんのりと温かく、体に優しい感触です。ぜひスリッパをはかずに、素足でその感触をお確かめいただきたいと思います。

アルダーという木をはじめとして、広葉樹は硬く、木目が上品なので、高級家具に使用されることがよくあります。床材としてもおすすめです。

桧《ひのき》やスギなどの針葉樹は柔らかくて肌触りの良い床材のひとつです。ただキズがつきやすいのが難点といえば難点です。

それでも、子供たちが思いきり走り回って遊べるようにしたい、転んでも心配のない床にしたいという方々が、スギのフローリングをお選びになることがあります。

実際に暮らしてみて、特に不都合な点はないようです。お子さんたちは元気いっぱいに育ち、お母様は床の傷を指差しながら、「この傷は、あなたがまだ小さいときにイタズラしてつけたのよ」などと言って、お子さんと一緒に楽しそうに笑っていらっしゃいます。

〈キッチンの床〉

キッチンの床は汚れやすいので、頻繁に水拭きをするでしょう。合成樹脂の床材だと次第にめくれてきますが、無垢の木材ならば、毎日水拭きをしても問題ありません。

〈天井は明るい色の木材で〉

天井に用いる木材は、床よりも明るい色にすると良いですね。天井が明るいと気分が落ち着くものです。

また、天井は少し低めにしておくと、部屋がより広く感じられます。部屋の大きさにもよりますが、高い天井は開放感があるようでいて、実は逆に狭く感じさせてしまうことがあるのです。

〈木の家にマッチする塗り壁〉

柱や梁、床に本物の木を使うなら、壁は塗り壁にすることがおすすめです。シラス壁（火山灰）はやや高価ではあるものの、湿気を調整する作用にすぐれ、飽きのこない質感で落ち着きがあり、安心感があります。

しかも約25年間という長きにわたってメンテナンス不要で、何十年経っても深い味わいが感じられます。外壁も室内壁も、シラス壁ならば経年変化がさほどありません。

珪藻土の塗り壁も人気があるようですが、珪藻土自体には固まる性質がないため、アクリルなどの人工接着材を大量に混ぜる必要があり、おすすめできません。

ビニールクロスは、安価な一方、経年劣化と共に退色し、剥離が起きやすいという難点もあります。

〈引き戸〉

各部屋の出入口を洋風のドアにするよりも、和のスタイルである「引き戸」にすることをおすすめしたいと思います。木の引き戸や障子の引き戸を、いわゆる「和モダン」の感覚で取り入れてみましょう。シンプルで美しく、現代風のおしゃれな生活スタイルにしっくりと馴染みます。

ドアの場合は、一歩下がらないと開けられないことがありますが、引き戸はその場に立ったまま開け閉めができます。省スペースですね。

ドアに比べて難点といえるのは、引き戸の場合は敷居を設け、そこに溝彫りをしなければならないため、コストがやや高くつくことです。

〈通路〉

部屋と部屋をつなぐ通路は、そこを歩いている間に気持ちが切り替わる大切な空間です。室内の天井とは異なる素材を用いて、がらりと雰囲気を変えてみましょう。

通路の天井をやや低めにしておくと、部屋に入ったとき、より広く感じられます。こういうちょっとしたアイデアをどんどん活かしていきたいものですね。

〈階段〉

階段に用いる床材は、1階と2階の床材と印象が近いものを選ぶようにしましょう。そうすることにより、違和感を軽減することができます。

と、このように細部にわたってご説明をしていくと、当社による木の工法がだいぶおわかりいただけたのではないかと思います。

できることならば、読者の皆さんに、谷口工務店が基本としている「木造軸組工法」のすべてをお目にかけたいぐらいです。

木の家は、鉄骨の家よりも強く、後々のリフォームや改築・増築もしやすいといったことなど、お伝えしたいことはまだまだたくさんあります。

また、鉄骨で組んだ家は、長くもたせるためにはメンテナンスが必要で、建てたメーカーでなければ手を入れられません。

一方、木造軸組ならばたいていの大工が手を加えることができます。

あまり一度にまくしたてててもいけませんので、このあたりでやめておきますが、とにかく木の家は健康的で丈夫だよということが伝わりましたなら、こんなに嬉しいことはありません。

【施工例2】地震に強い家にしたい

●施主…65歳 男性 家族4人暮らし。

●家を建てようと決めた理由…定年退職をして余生を考えた際に、今住んでいる築80年ほどの木造住宅では地震に弱いことは明らかなので、ぜひとも建て替えたいと思った。

●おすすめの工法…輸入住宅によくあるツーバイフォー（枠組み壁工法）は柱が細いことが難点だが、その壁工法と軸組工法を合体させると威力が増す、木造ではこれが最も耐震性が強い。

●住んでみての感想…壁工法＋軸組工法という、まだあまり普及していない斬新な工法で施工してもらったため、全体で50万ほど高くついたが、それだけの価値はあると思う。何よりも大事なのは家の強度なのだから、そこは妥協しないほうが良い。

●谷口工務店からの一言コメント…

地方によく見られる古い木造住宅は、土壁で家の強度を保っていると考えられることが多いのですが、実は、土壁にはさほど強度も耐震性もありません。

ダブル効果で耐震性アップ

大地震があるたびに建築基準法が変わり、現在は、壁の中に「筋交い」（52ページ）というものを斜めにかけ渡すことが義務付けられています。通常はそこ止まりで、壁板が貼られ、壁塗装が行われます。

しかし、その筋交いに強度のある合板を貼り付けて釘で固定すると、耐力壁ともいうべきものになります。本物の木を柱にして、そこに筋交いを取り付ける。その筋交いに、強度のある合板を貼り付ける。その外側に塗装をする。これはつまり、筋交い＋面のダブル効果で耐震性を高める工法です。

加えて、熊本城の修復工事に採用されているものと同じ仕組の制震ダンパーが地震時の揺れを大幅に和らげ、ご家族の安全を守ります。

コラム④　「高性能な家」は譲れない

それでも、やはり心の奥底にあるのは、「良い仕事をしたい。住む人に心から喜んでもらえる家づくりがしたい」という熱い思いなのです。ならば、よし、利益追求はいったん脇においておき、質で勝負しよう。着工件数は少なくても、顧客と直接打ち合わせができる元請けの大工に徹しよう、軌道修正をはかるしかない。私はそう心を決めました。

そんな転機を迎えたことが、私にとって本当の意味での独立でした。30歳の時の出来事です。

さてそこで、「住む人が心から喜んでくれる家ってどんな家？」と考えてみると、「何よりもまず安全で性能が良いことだろう。丈夫な造りで、夏は涼しく冬は暖かく過ごせる家だろう」と答えが見えてきました。

それでさっそく、東北や北海道といった酷寒地で実績を挙げている「ＦＰ工法」

という断熱工法を手がける工務店グループに加入し、そのノウハウを学ぶことにしたのです。

ＦＰ工法の独自性は、１２０ミリ厚のウレタン断熱材をパネルにして柱と柱の間にはめ込み、家全体をすっぽりと覆って、高断熱・高気密を実現することです。外はマイナス10度でも、暖房をつければ室温20度を保つことができます。そんな素晴らしいものがあるのに、当時はまだ、全国でわずか７００軒ほどの工務店が採用するのみでした。

この工法は今やスタンダードな断熱工法として日本中に普及し、広く認知されていますが、徹底した施工を行っているハウスメーカーや工務店は1割もないだろうと思います。

高断熱・高気密の家をつくるにあたり、断熱材パネルを用いさえすれば良いというものではありません。隙間風が生じれば、断熱の性能は落ちます。そのようなことのないように、基礎的な施工を徹底しなければなりません。

それはたとえば、柱や壁の木材が縮まないようによく乾燥させてから使うこと、縮んだ場合も隙間があかないようにクッション性のある素材を補うこと、隙間が生じることが予想されるあらゆる箇所に粘着テープを貼ってふさぐことなどです。

柱や壁材や床材など、建築材を組み立てれば良いだけの場合と違って、真の意味で高断熱・高気密の家を一人で建てることはできません。家の骨組みをつくる技術の正確さが求められるからです。高性能な家とはどういう家なのかをきちんと理解した、腕が良い大工が4、5人がかりで取り組む必要があります。

となると、大工を育てることが緊急の課題です。大工を雇う立場にある私が最も情熱を傾けるべきは大工教育なのだということに気づく契機となったのが、高断熱のFP工法なのでした。

（178ページに続く）

第5章
おしゃれな設計デザイン

丈夫かつ「カッコいい」家

1年を通して快適に過ごすことができ、健康的で丈夫な家、というだけではまだ足りないものがあります。洗練されたおしゃれなデザイン空間でなければ、住む人はやはり満足がいかないものなのです。つくる側としても、「カッコいいなぁ」と思える家を提供してこそ、心から満足できます。

そこで、当社のとびっきりの自信作をご紹介したいと思います。これは実際の施工例というよりも、家づくりを検討している方々に見ていただき、宿泊体験していただくために建てたモデルハウスです。

モデルハウスですから、それなりに費用をかけ、贅沢な造りになっています。設計をしてくれたのは、建築家の伊礼智《いれいさとし》さんです。

私たちの家づくりは、伊礼智さんのデザインコンセプトに負うところが大で、当社社員の設計士たちはみな、伊礼さんのご指導ご協力のもと、その作品をお手本にしてデザイン設計をしています。ただし、このモデルハウスの場合は、伊礼さんご自身に設計をお願いをし、引き受けていただきました。

それは大変にありがたいことなのですが、敷地の立地条件はさほど良いとはいえない状態だったのです。それなりに広さはあり、角地ではあるけれど、北西向きですから、日照抜群というわけにいきません。

そのうえ、東側は隣家に接しており、南側にはアパートが建ち、各部屋のベランダがこちらを向いているのでした。

そんな敷地に家を建てて、どうすればプライバシーを確保できるのか。快適に過ごす工夫、洗練されたおしゃれなデザインにする工夫は、どうすれば良いのか。まさに建築家の腕の見せどころですね。

伊礼さんは見事に成し遂げられ、素晴らしい設計デザインに仕上げてくださったので、私たちスタッフ一同、本当に感激しました。大工のみんなにとっても、とてもやりがいのある仕事になったことと思います。


ではさっそく、そのモデルハウスを読者の皆さんにも見ていただきましょう。

これからの家づくりのイメージの参考にしていただければと思います。

眺望・日照良好でプライバシーも守る工夫

前述のとおり、このモデルハウスの敷地となるのは北西の角地で、南東側に隣家の一戸建て住宅とアパートが接近して建っています。そのため、本来なら採光のために南側に窓や玄関などの開口部を設けたいところですが、それがしにくい状況でした。

となると、北西側に玄関を設け、同じく部屋の窓も北西側とし、できるだけ大きな窓にするのが良い案です。

このモデルハウスは、敷地の形に合わせて建てるというのではなく、ちょっと斜めに傾けたかたちで建てています。その結果、隣家と並行した向きになっていますので、美しい街並みを乱してしまうようなことにならずに済みました。

また、そのほかにもさまざまなメリットを得ることができました。家の中から窓ごしに外を眺めたとき、庭が広々として見えるのです。これは、やや斜め方向から眺めることにより、視線の距離が伸びるためです。つまり、直線よりも対角線のほうが長いので、たとえば庭の隅にある植栽や石などを眺めたとき、うんと遠いところにあるように見えるということです。

敷地に対して斜め35度で建て面積を設定

また、このモデルハウスの前の道路から家を眺めたときも、やや斜め方向から見上げることになるので、真正面から見上げた場合よりも、ぐんと大きな家に見えます。

では、どのくらい斜めにすると良いかということになりますが、この場合は、最も太陽光と風を取り込みやすくなる角度を計算し、敷地に対して斜め35度の角度で建て面積を設定しました。

また、敷地に多少なりとも余裕がある場合は、家を建てる前にまず庭と植栽のスペースを確保すると良いですね。そのほかにも、駐車場や自転車置き場、物干し場所、物置の設置場所などの位置を検討することもぜひお忘れなく。

内と外の境界はあいまいにする

このモデルハウスでは、敷地の約3分の2は庭スペースです。ハウスメーカーであれば敷地いっぱいに家を建てるでしょうが、谷口工務店ではそのような設計はできるだけ避けたいと考えています。敷地に対して家を一回り小さくしても、狭さを感じさせない方法はいくらでもあるのです。それに、小さな家ならば光熱費をおさえられるので、とてもエコロジカルです。

この家の外回りは、造園家によって植栽がなされています。更地に自然の樹木を植え、それに合わせて自然の石を配置しているので、木も石もまるで昔からここにあったようによく馴染んでいます。適度な高低差があり、それによって、プライベート感もよりいっそう増しています。ここを訪れる人々は木々をくぐって階段をのぼり、玄関へとアプローチしていくので、「森の中の一軒家を訪問するみたいな感じ」と素敵な印象を持ってくださるでしょう。

趣のある自然石でできたゆるやかな階段をのぼって玄関に近づくと、そこに「屋根付きの庭」という雰囲気のスペースがあり、ベンチが置かれています。これは、ちょっと

家の中？　それとも外？

立ち寄ってくれたご近所さんなどと話ができるようにと考えてつくられたスペースです。

ここはもう家の中？　それとも外？　という感じですが、どこから家になっているのか、境界線をあまり明確にしないほうが良いというのが、伊礼智さんの設計デザインコンセプトの一つです。内と外とがつながるので、広さを感じさせます。そういう素敵な発想そのものに、ゆとりが感じられますね。

内と外の間に「中間地帯」を設ける

玄関は、二重構造になっています。一つ目の玄関は、ガラリの格子扉で、扉を開けると正面に玄関ポーチがあり、ここにも木のベンチが置かれています。

宅配便を届けてくれた人や、ちょっとした用事で訪ねていらした方に応対するときなど、家の中まで入っていただかずとも、ここで話ができるようにと工夫が凝らされているわけです。

お招きしたお客様をお出迎えしたりお見送りしたりというときにも、とても役立つスペースです。

この玄関ポーチというものは外と内の中間地帯で、格子扉から風がよく入る気持ちの良いスペースです。防犯上、しっかりと鍵をかけられるようになっています。

玄関ポーチの左側部分は、収納スペースになっていて、自転車とその空気入れ、趣味の道具などをしまっておけます。外と内の中間地帯ですが、ちゃんと屋根が付いていますし、しっかりとした壁で囲われていますので、外気やほこりにさらされて汚れる心配がありません。この収納スペースにも鍵がかかるようになっているので、防犯上も安心

玄関ポーチには鍵もかけられる

です。
外に出なくても新聞や郵便物を受け取れるように、屋外に設けた郵便受に入ったものは室内の靴箱の中におさまる、という工夫もなされています。これは雨の日などは特に重宝します。プライバシーが守られるという点でもすぐれたアイデアです。

収納の見事さが「美」につながる

玄関の引き戸を引くと、土間の空間です。この家では、階段と2階の一部分、そしてこの土間の部分にだけ段差が設けられていて、その他はすべてバリアフリーです。土間の一段を上がると、そこから本格的に室内がはじまります。

玄関から上がってすぐのロビーでは、壁面に下駄箱がしつらえられています。これは単に下駄箱であるだけでなく、壁の隅から隅までぴたっとはめこんだ造作家具で、さまざまなものを収納することができ、収納棚の上に季節の花や小物を飾って楽しむことができます。シンプルな空間は美しいものです。

窓や収納棚を設ける際は、壁の端から端までというようにして縦線を少なくすると、すっきりとして見えます。また、壁の面積を広くとってあると、対比効果により室内が広く見えるという効果もあります。

玄関ロビーの壁面は、中霧島壁で塗られています。これは九州の火山灰を急速に冷却した塗り壁材で、外壁に用いているのと同じ素材ですが、粒子の大きさが異なり、室内にはより細かな粒子のものを使っています。

家具も建具もぴたりと納まった美しい空間

窓は引き込みが良い

玄関ロビーの突き当たりの壁一面に縦長のガラス戸があり、これが明かり取りとなって室内を明るく照らし、外の様子も見えるので開放感があります。また、窓そのものがインテリアのアクセントとなっています。

窓の戸は三重構造で、網戸、ガラス戸、障子戸となっています。

網戸の面を仕切る横板は断面を菱形《ひしがた》にしてあるので、室内から外はよく見えるが外からは見にくい構造になっています。また、板が斜めになっているので、楽に拭き掃除ができます。

ガラス戸は、一枚ガラスの特注品です。

障子戸は、あえて桟《さん》の細かくないものを用い、モダンな感覚を演出しています。障子を通して、柔らかい光が入ってきます。影の出来具合も柔らかく、光と影が織りなす陰影がより美しいものとなります。

これら三層の戸をすべて開け放しても良いし、ガラス戸から庭を眺めるも良し、あるいは網戸だけにして外の涼しい風を取り入れるなど、室内での過ごし方に合わせて調整

解放感があり、プライバシーも守られる網戸

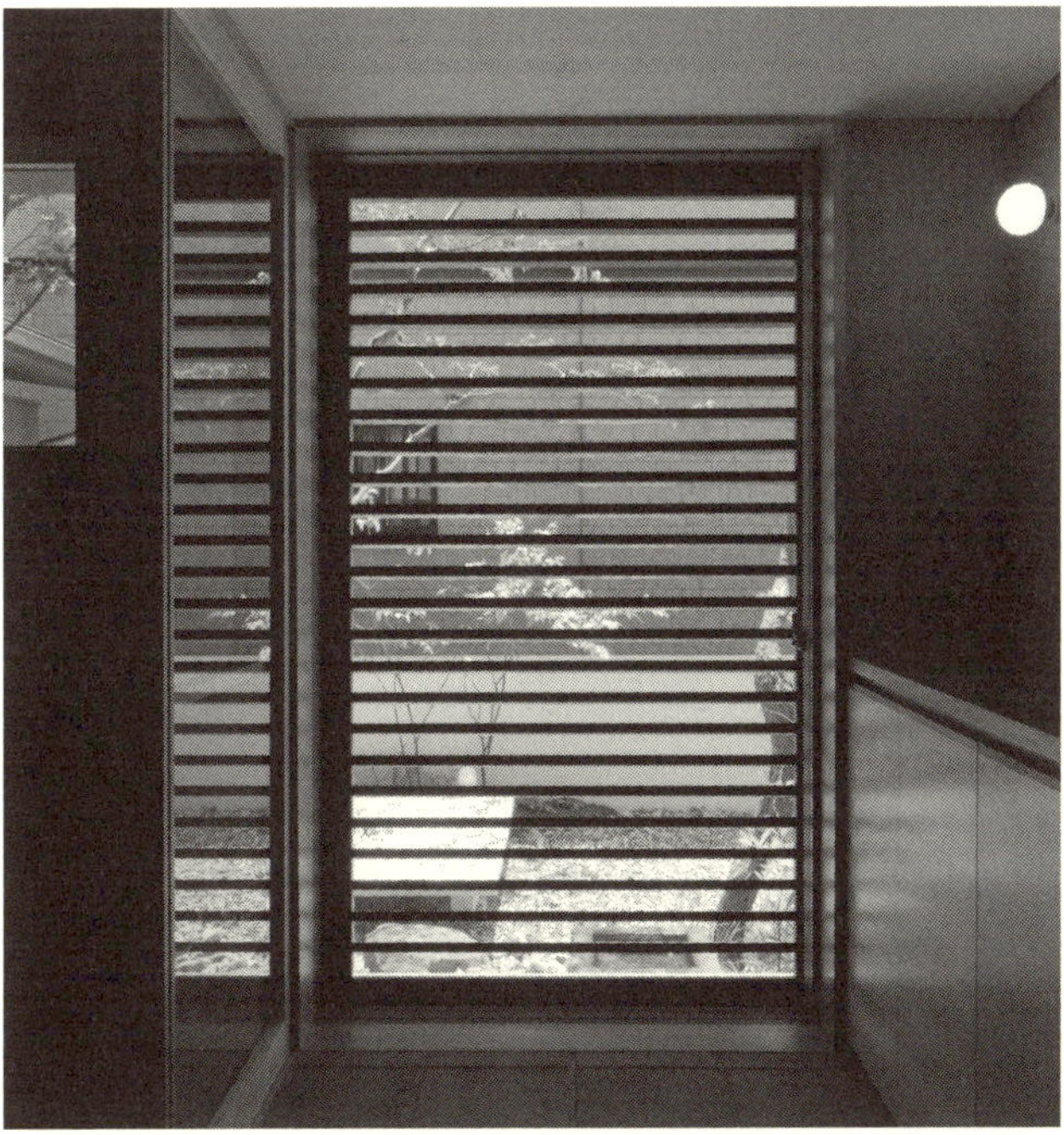

していただけます。
　三層それぞれに鍵付きで、しかも戸の上部に鍵を取り付けていますから、目立たず、防犯上もとても安心です。網戸にしたまま昼寝をすることもできるでしょう。
　さらに三枚の戸がすっぽり収まる引き込み式で、戸袋に収めると庭と一体化してすっきりとした印象です。

廊下は工夫の見せどころ

玄関ロビーからトイレまで、一直線に廊下が伸びています。ひとつながりになっているので奥行き感があり、実際よりも家の広さを感じさせます。

長い廊下があると、そこを歩くたびに気分転換ができます。廊下に沿って収納棚を設けるというのも、空間の上手な使い方としておすすめの手法です。

廊下の突き当たりにあるトイレの窓から、ブラインド越しに柔らかい陽射しが射し込んでいます。トイレのドア（引き戸）を開け放していても、便器はちゃんと奥に隠れて見えない設計になっています。

玄関ロビー、廊下、トイレも、床面はテラコッタです。テラコッタというのは屋外で使われることの多い素材で、室内での使用は珍しいのですが、このモデルハウスはＯＭソーラーシステムを搭載しており、夏は涼しく、冬は暖かいので、ぜひとも素足で歩い

一直線の廊下は奥行きを感じさせる

ていただこうということで、足に心地良いテラコッタ素材を選択しました。

夏はさらっとして、また冬場はほのかに温かく、気持ちの良い感触です。

浴室・洗面台のひと工夫

浴室はどうなっているでしょう。

こちらのモデルハウスでは、手入れもしやすいようにと、ハーフユニットバスを用いています。

一歩入ると良いヒノキの香りがしますよ。浴室の壁と天井がヒノキ張りになっているからです。お湯を張ると空間の湿度が上昇し、ヒノキは良い香りを放ちます。その独特の香りに癒しの効果があるとされています。

ちなみに、お湯を抜いた後も、良い香りが漂い続けます。お風呂場に近づくだけで、良い香り！　と嬉しくなります。

宿泊体験した方々は皆さん、ヒノキ張りの風呂ってこんなに良いものなのかと驚いていらっしゃいます。

浴槽につかりながら、壁一面の大きな窓から緑を眺めることができます。朝や日中は光を浴びながら入浴することもできます。緑の植栽は、外からの視線を遮るという効果

光の射し込むヒノキの香り漂う浴室

もあります。

脱衣所と洗面所の床材には、アルダーという広葉樹の硬質な木材を用いています。

洗面台の周辺にはチーク材を用いています。チーク材は水をはじくので、船の甲板などにもよく使われます。

引き戸などの手が触れる箇所には、汚れにも水垢にも強く、たとえ汚れてもあまり目立たないように、色の濃い松材を使用しています。

壁面に用いたのは、しなベニヤ材で、これに撥水コーディングを施しています。

洗面台の前には鏡と収納棚があり、お風呂あがりに必要なものすべてがぴたっと収まっています。また、窓があるので明るい陽射しが射し込み、鏡に向かってするスキンケアやメイクがよりいっそううまくいくことでしょう。

2個室の隣接で空間を確保

この家には、子供部屋として使うとちょうど良い個室が二つあります。その二つの部屋は、壁一面に取り付けた造作家具によって仕切られています。子供さんたちが勉強をするための机、書棚、そして洋服を収納するクローゼットが造り付けになっていて、それが隣の部屋との間仕切りの役割を兼ねているのです。

この仕切りを取り外せば、広い一部屋として使うこともできます。家族構成により、使い方はいろいろと変化します。

この場合のように、壁一面に収納棚があり、デスクもそこに収まっていると、とてもシンプルで美しい部屋になります。

市販の家具を配置した場合は、どうしても空間に無駄が生じ、掃除の際に隙間まで手が届かないということにもなりがちですが、造作家具ならば壁の端から端にぴたっと収まりますし、デスク回りに照明やコンセント差し込み口を設置することもできるので、とても使い勝手が良く、手元が明るいので作業がしやすく、インテリアとしての見た目も美しいものです。

デスクも収納棚も壁一面におさめた子供部屋

窓から見える景色をデザイン

続いて、主寝室から庭を眺めてみましょう。

北西角地は西日が強いので、そうした環境に合わせて、山採りの木を使った植栽がなされています。山で育った樹木は枝ぶりが美しく、それを2〜3年育てたものを植樹するわけです。低木、中木、高木とバランス良く植え付けられ、葉の色彩バランスも計算しつくされています。

玄関正面にあるはき出し窓からは飛び石があり、屋外ウッドデッキへと続いています。

こういうウッドデッキで、夏はバーベキューや花火をすると楽しいでしょうね。つくばいの水でスイカやワイン、ビール、ジュースなどを冷やし、ご家族みんなでワイワイと楽しんでいただきたいと思います。

こちらのウッドデッキには床の片隅にライティング器具が付いており、夜間は庭の景

木の高低も計算して、設計・植樹する

色をライトアップします。この庭では落葉樹を用いているので、春から夏は新緑を、秋には美しい紅葉の眺めを独り占めできます。「日本の森の原風景」と言いたくなるような美しい庭の景色を堪能していただけますね。

このようにして、窓から見える景色をデザインすることも、心地良い家づくりに欠かせない大切な要素です。

明るい寝室の作り方

主寝室はどうなっているのか、詳細を見てみましょう。

主寝室、二つの個室、いずれも床材はアルダーという広葉樹を用いています。硬質なので傷がつきにくく、光沢があり、節も目立たないことが特長です。

部屋の隅の目立たないところ（この場合はデスクの下）の床に、ＯＭソーラーシステムの空気吹き出し口があります。夏は適度な冷風が、冬は暖かい空気が流れ出て、部屋中にじんわりと広がっていきます。

冬場は足元が特に暖かく、床暖房よりもずっと快適です。ならば夏場は足元が冷えるかというと、そんなことはありません。家の中の空気が循環しているからです。

エアコンは1階の主寝室と、2階のリビングにあるだけ、というので十分です。エアコンをつけっぱなしにするのではなく、少しの間だけ稼働させれば、あとはＯＭソーラーシステムが補ってくれます。

主寝室の壁一面に大きな窓があり、ここも玄関ロビーと同様に、網戸の付いた格子窓、

季節の風景や匂いをとり入れる

木製サッシのガラス窓、障子窓の三層構造になっています。

この3枚を開け放てば、ウッドデッキとひと続きになります。室内の床面とウッドデッキの床面の高さが同じなので、正真正銘のひと続きとなり、室内にいながらにして庭で風に吹かれているような感覚を味わえます。

外から良いものが入ってきますよ。光と風と季節の匂いです。こんなふうに外とつながっていくことが、私たちの家づくりの大きなテーマです。

日照や風の流れ方は、土地の向きによって微妙に異なりますが、この家の場合は、北西の方角に庭を設け、さらにはウッドデッキと大きな窓をしつらえることにより、光と風と季節の匂いをたっぷりと取り込んでいます。

では、本来陽当たりが良いはずの東南の方角はどうしたかというと、そちらの方角には隣家一戸建てやアパートが建っているため、こちらはあえて窓を設けず、プライバシーを確保したのでした。

南東側を使わなくても心地良い空間はつくれるよ、ということを試したわけです。一般的には考えにくい設計プランですが、これはチャレンジ大成功でした。

窓をつけるからには、設計士や大工にも責任があります。隣家から見えない、視線がかち合わない、防犯上も良い、というポイントをしっかりとおさえ、「意味のある窓」をつけなければなりません。

一般的には南東側に大きな窓をつくることが多いのですが、この家の主寝室においては、南東の窓は床面の近くにごく小さな窓を設けたのみです。これなら、隣家の視線が気になることはありません。防犯上の問題も少ないといえます。

それに、小窓であっても通風効果は高いのです。布団を敷いて寝たときにちょうど枕の高さあたりに小窓があると、朝はそこから光が射し込み、一日中、心地良い光と風が入ってきます。

各部屋に2箇所以上、窓をつくるようにすると、風通しは抜群に良くなります。

加えて、各部屋だけでなく、玄関ロビーやトイレやバスルームにも必ず窓を設けると、

小窓であっても通風効果は高い

すべての窓がひとつながりになって、風の通り道をつくります。家全体の空気が流れ、換気が良くなります。外見のデザインだけでなく、こうした目に見えないところを考えるのも設計士の役割です。

殊に、このモデルハウスのようにOMソーラーシステムを搭載している家でしたら、夏はとても涼しく、高原にでもいるような感じ、冬は家中どこもぽかぽかと暖かく、日だまりにいるような感じです。

自然と調和して快適に暮らせる家づくりをしていきましょう。このモデルハウスの設計施工例を参考になさって、ぜひ役立てていただきたいと思います。

階段の「小窓」は圧迫感を減らす

階段も見てみましょう。下三段は、90度を3等分するかたちで設計施工されています。そして13段で上がりきり、階上へという造りです。

階段の床面には、すべり止めのための溝彫りが施されています。手すりは手に優しい感触が伝わるパイン材を用いて、さらに角に丸みをつけ、手をかけやすい角度に設置しています。

ここにも、小さいながらも窓があります。窓を設けることにより、階段部分も明るくなり、また、圧迫感がない素敵な空間になります。

このモデルハウスのように、住宅密集地ではどうしても1階部分は採光が悪くなり、暗くなりがちです。そのため、1階には寝室や勉強部屋、バストイレを設けることとし、リビング・ダイニングは2階に設ける、という設計をおすすめすることがよくあります。日中は2階の明るいリビングで過ごし、夜の時間は1階でゆったり過ごす、というスタイルです。この提案を喜んでくださるお客様が増えています。

小窓をつけるだけで印象はまったく変わる

けれども、リビングはやはり1階にあったほうがいいという方もいらっしゃるので、谷口工務店では、モデルハウスへお連れして、実際はどんな感じになるのかを見て確かめていただくようにしています。

もちろん、リビングが1階か2階のどちらが良いかは、建てる土地の方角や周囲環境を十分考えてご提案いたします。

家事動線に沿った合理的な設計

では次に、モデルハウスの2階部分をご覧になってください。

キッチン、ダイニング、リビングがひと続きになった開放感あふれる空間です。とんがり屋根みたいに傾斜のついた天井に、明かり取りの天窓がついています。

また、天井がフラットではなく、高いところと低いところがあるおかげで、広い空間がより広く感じられます。

リビングの向こうに、眺めの良いバルコニーが広がっています。さらには、リビングの脇に2畳ほどの和室があります。

ここで、室内物干しスペースについて簡単に説明させてください。

室内干しスペースというのは、サンルームのようなものです。そこの一隅に洗濯機を置き、洗い終えたらすぐに干せるよう、物干しスペースが備わっています。

1階浴室横の洗濯機から、濡れて重くなった洗濯物を、2階の物干し場まで運ぶのは大変です。そうした苦労を軽減するために、家事動線に沿った合理的な設計が必要です。

こちらのサンルームでは窓が開くので、洗濯物を屋外に干すのとほぼ同じです。急に

屋外に干すのと同じ効果

雨が降り出しても、そこは室内ですから、干したものが濡れてしまうという心配がありません。これは共働き夫婦にとっては特に、助かる工夫だと思います。

　布団も干せるようにしたいというご要望があれば、布団干しバーを外壁に取り付けることも可能です。

　部屋との仕切りには磨りガラスが用いられているので、隣家と目が合うこともなく、室内が丸見えになるということもありません。

　また階下と同様に、しっかりとした厚手のプリーツスクリーンを用いています。プリーツスクリーンは陽射しを通し、外部の自然を感じさせてくれます。その日の天気や季節を感じられるようにという工夫です。

L型キッチンは家事動線に優れている

このモデルハウスでは、家事動線の良いL型キッチンを採用しています。

壁から壁へとジャストサイズに収まるよう、キッチンの空間サイズを調整しました。

さらに、使う人の身長に合わせて、流し台やガス台の高さを調整し、湿気がこもりやすい流し台の下は空きスペースとして、ゴミ箱などを置けるようにしています。

また、作業台の引き出しは当社の家具職人がつくったオリジナル品です。食品などをストックしておくパントリー収納棚、3枚扉の引き戸が付いた食器棚、作業&盛り付け台も、当社家具職人がつくったものです。

一人で料理をする場合は、キッチン台と背後にある食器棚までの距離は90センチで十分です。2人で料理をするなら、背後の空きスペースは120センチほどが必要です。家族構成に合わせ、動きやすいようにする工夫が求められますね。

大工手造りのオリジナルキッチン

さらにつけ加えると、料理をつくる人と食べる人が向き合って話のできる対面キッチンがいいというご希望は多いので、L型キッチンとは別に、アイランド型の作業台を設けています。

この作業台で食事をしていただくことも可能です。

対比は広さを感じさせる

リビング・ダイニングの一隅に、2畳の小上がりがあります。リビングの横に6畳の和室を設ける間取りの家は多いのですが、2畳で十分です。

それは決して広くはないスペースですが、これがあるとないとでは、空間をとらえる感覚に大きな違いが出ます。

大空間リビング・ダイニングに対して2畳の和室、という大小メリハリの利いた対比効果により、広い空間がより広く感じられるのです。

また、キッチンからすべてを見渡せるけれども、ごく一部分は視線が遮られて、少し目隠しになっている部分があると、なかなか良いものです。開放的な空間と閉鎖的な空間という対比効果により、「ひらく楽しさ」と「こもる楽しみ」の両方を味わうことができます。

リビング・ダイニングの床面から和室まで、ちょっと段差があるのも、心憎い演出です。小さなお子さんがいる場合はオムツ替えなどの際に重宝するでしょう。子供さんのお昼寝にここを使っても良いし、大人も落ち着いて読書などすることができるでしょう。

茶室風の小上がり畳スペース

この小上がりは茶室風の造りになっていて、「半畳たたみ」というものを使っています。目がつまって張りのある琉球畳を素材とし、縁がないのもおしゃれです。

窓は、壁の端から端までのジャストサイズで、ここも網戸格子窓・ガラス窓・障子の三層構造になっています。

楽しみ方多彩なＬＤＫの作り方

リビング・ダイニングの空間は広いので、「広い・狭い」「高い・低い」「明るい・暗い」というようにメリハリをつけ、全体としておしゃれな雰囲気に仕上げることにしました。

室内の照明計画でいうと、どこもかしこも煌々《こうこう》と照らすのではなく、間接照明を多用してソフトな灯りをあて、翳りをつくるようにしています。暗い翳りの部分があるからこそ、明るさがより際立ちます。

ダイニングの丸テーブルの上には、お料理をおいしく見せるペンダント型ライトを吊るしています。これは北欧の照明デザイナー会社、ルイス・ポールセン社のもので、白熱球を使っているので温かみのあるオレンジ色の柔らかい光を卓上に投げかけています。

リビング・ダイニングには、デスク、薪ストーブ、コーヒーテーブル、テレビボードなどがあり、それぞれのコーナーごとに個性的な表情を見せています。

ソファはこの家の一番の特等席

壁に造り付けたソファ家具もあります。寝転ぶことのできる奥行きがあることから、デイベッドソファとも呼びます。

このソファに腰をおろすと、北西方向に広がる空と山々が連なる美しい景色を楽しむことができます。この特等席で、ゆったりとコーヒーなど飲みながら、また窓の景色を楽しみながら、心地良い時間を満喫していただきたいと思います。

ここでちょっと裏話をすると、「まずは眺望を重視して窓の位置を決め、一番眺めの良い場所にソファを配置し、そこを中心にＬＤＫ全体の間取りを決めた」というわけです。

屋根付きの見晴らし台

幅3メートル半の大きな窓の向こうには、屋根付きの見晴し台が広がっています。私たちはここを「インナーバルコニー」と呼んでいます。

窓を開ければ、インナーバルコニーは室内の一部となり、明るく開放感に満ちあふれた半屋外空間になります。

ちなみに、リビングとインナーバルコニーを隔てる窓は、他の窓辺と同様に、網戸の付いた格子戸、ガラス窓、障子という三層構造になっています。それには理由がありま す。ここは眺望が良いけれど、季節によっては西日が強く射し込むので、格子や障子で光を和らげて室内に取り入れようという計算を働かせた結果なのです。

インナーバルコニーの床材には、比較的雨に強い、レッドシダーという木材を使用しています。

自然とつながるインナーバルコニー

それでも陽射しが強いと木材も灼け、傷むものですが、谷口工務店では毎年定期的に点検を行い、傷んだ箇所のチェックやメンテナンスのアドバイスなどもしています。

最後に、ぜひご覧になっていただきたいのが、このモデルハウスのシンボルツリーともいうべき樹木です。

インナーバルコニーの床の一部と屋根の一部をくり抜いてつくった吹き抜け空間に、一本の樹木がすっくと伸びています。この樹は、玄関の横に植えたアオダモです。それがこんなにも大きく育ち、訪れる人の目を楽しませてくれています。

「暮らし」の体験で家づくりのヒントを

伊礼智さん設計によるこのモデルハウスは、建築雑誌をはじめとして、さまざまな媒体で紹介されましたので、それを見た方々が「ぜひ見学させてほしい」と訪ねてきてくださることがよくあります。

また、谷口工務店ではこのモデルハウスに宿泊体験していただくという企画を実施し、大変にご好評をいただいています。

この本を読んでくださった読者の皆さんの中にも、宿泊体験をご希望になる方がいらっしゃるかもしれません。

実際に宿泊していただくと、朝晩の気温の変化など、見学だけではわからなかった体験ができます。「暮らし」を体験すると、自分の家づくりに生かすヒントが見つかるものです。

宿泊体験は予約制で常時実施していますので、ご興味があればいつでもご連絡ください。

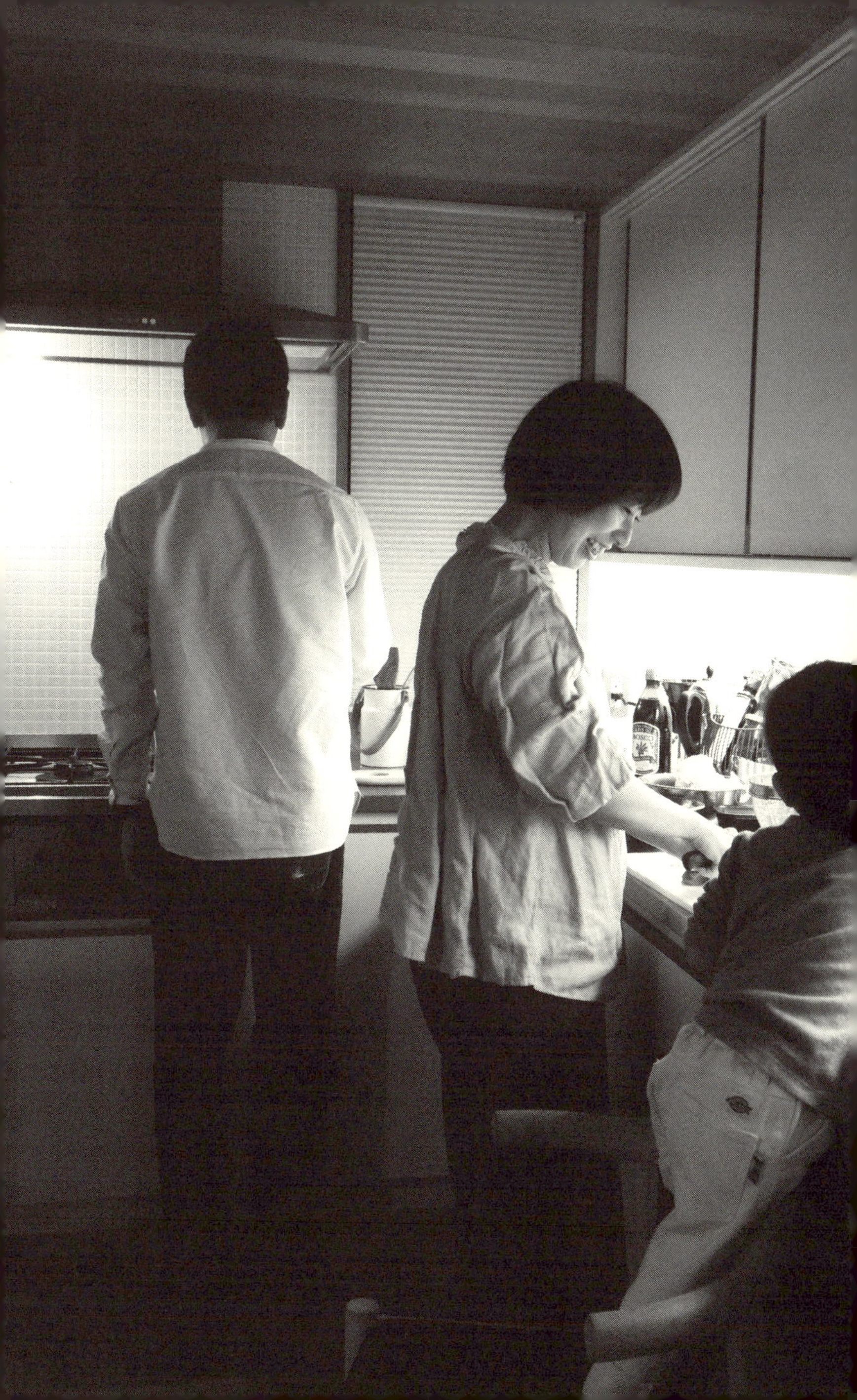

コラム⑤ 「家づくり」は「人づくり」から

家の性能だけでなく意匠性も大事にしたいと思えば、設計士の雇用と育成にも力を注ぐ必要があります。そこでさっそく、全国版の求人情報誌を通じて募集をしたところ、大学卒や大学院卒の志望者が約1000人も応募してくれたのには驚きました。

しかも、当社が手がけた注文住宅が建築雑誌に紹介された記事などをよく読んでいて、ぜひこういう素敵な仕事をしたいと言ってくれる学生が多かったのです。「家づくりは人づくりから」というのをモットーとしている私にとって、全国から優秀な人材が多数集まってくれたのは、まさに追い風でした。

設計士と大工が組んで仕事をすると、すごいことが起こります。設計士は施工現場のことがよくわかるようになり、よりいっそう緻密なデザインができる優秀な人材に育っていきます。大工は設計士のデザイン感覚や斬新な発想に触発されて、腕前のみならずセンスまで良くなります。
こうして生まれる相乗効果が、我が谷口工務店の何よりの強みとなりました。設計士も大工も、「よりカッコいい家、より高性能な家を、自分たちの手でつくっていこう」「本物の家づくり文化をつないでいこう」と向上心を持ち、志の高い人物に育っていってくれるのです。志があれば、苦もなく努力を積むエネルギー源となります。無理に効率化をはかるまでもなく、仕事の流れはとても良くなります。

おかげさまで、当社が手がけた注文住宅は、新築・リフォームを含めて、この10年で400軒を越えました。家を建てていただいた施主の方々とは、その後も長いおつきあいが続いています。
年に一度の定期点検に伺い、経年劣化により傷んだ箇所を修理・修繕していくことで、100年、200年と長持ちする家にしていくことができるのです。昔の棟梁がごく当たり前のこととしてやっていたことを受け継ぎ、さらに進化させていきたいと、全社をあげて取り組んでいます。

そのこともまた顧客に大変喜ばれ、満足度を高めているといえるでしょう。口コミで評判が伝わり、当社に依頼をしてくださる顧客が年々増え続けています。
こうした良い流れが100％確立されれば、営業にかける時間を、顧客のために役立てることができます。より高品質な家をよりリーズナブルに提供できる良い流れをさらに作って考えています。

私の父が現役の大工だった頃とは比較にならないほど、現在の建築技術は進んでいます。にもかかわらず、なかなか理想の家づくりができずにいるのは、すぐれた技術を活かしきるだけの人材が育っていないからです。
「良い家づくりは良い人づくりにはじまる」と私は確信しています。施主とそのご家族、設計士、大工をはじめとする職人たち、皆が一丸となって力を出し合ってこそ理想の家づくりが叶うのです。「心から喜んでもらえる家づくり」の夢はこれからも続いていきます。

（コラム完）

第6章
実際に住んでみてわかること

建築基準法は9％しか守ってくれない

①夏は涼しく冬は暖かい、快適な家。
②自然素材の健康で丈夫な家。
③おしゃれな設計デザイン。

これまで、この3つを柱にして家づくりプランを進めてほしい！　ということをお話ししてきました。

それには家づくりのパートナー選びが大事ですよということも、ご理解いただけたでしょうか。

ここでもう一度繰り返すことを許していただけるなら、実際に家を建てる業者（設計士や大工）の腕を事前に確かめておくことは、その家に住む人にとって、本当に大事なことです。

「そうはいっても、建築基準法に反するようないい加減な仕事をする業者なんて、そうはいないでしょう。たぶん大丈夫よ」

と考えているとしたら、それはちょっと危険です。

建築基準法により守られているのは、家全体の９％に過ぎません。

骨組みなど大事な箇所がその９％に含まれているのは良いのですが、残りの91％は、施工業者それぞれの判断と自由采配に任されています。家づくり全体の91％において、統一基準がないため、手抜き工事もあり得るというのが実情です。

家づくりの大半は、施工業者の技量やモラルにかかっているのです。業者選びに成功するか失敗するかにより、大きな差がつきます。

ですから、と業者の一員である私が言うのもちょっと変なことかもしれませんが、「とにかく施工会社の過去の実績を調べ、また、評判を確かめるようにしてください」とおすすめしています。

業者が建てた家の見学を申し出よ

施工業者の人柄が良いからといって、技術も高いとは限りません。人柄は悪くても腕は良いという場合もあります。

では、その業者がどれだけ信用できるか、どれだけ腕が良いか、どのように見極めれば良いかというと、建てた家を訪問見学させてもらうことが一番の方法です。

前述のとおり、当社では「お住まい宅見学会」というものを定期的に開催し、家づくりを考えていらっしゃる方々を、実際に建てた家にご案内しています。

これはもちろん、そこに住んでいらっしゃるご家族（施主の方々）のご協力があってこそできることです。

自分の家を公開して見せてくれるというのは、すごいことだと思います。会ったこともない人が訪れ、家の中をあちこち見て回るわけです。どんな人が来るかもわからないのに、よくぞ迎え入れてくださる、ありがたいことだと、頭が下がります。

それこそ私が誇りに思っていることですが、谷口工務店で家を建ててくださった施主の方々は良い人ばかりなのです。おかげさまで、まさに理想的といえる信頼関係を築かせていただいております。

施主の皆さんは、こんなふうに言ってくださいます。

「私たちは家づくりの夢と願いと希望を全部叶えたから、皆さんにも見てもらいたいんですよ」

「これから家づくりをする人に、ぜひとも満足のいく家を建ててほしい」

「そのお手伝いができるなら素敵なことだ。自分たちにできることがあるとしたら、我が家を見学してもらうことだと思った」

そのお気持ちが嬉しいではありませんか。谷口工務店は施主の皆さんに支えられているといって過言ではありません。感謝感激です。

実際に住んでみてわかること

「見学会」は年間約10回開催し、毎回異なるお宅を訪問します。この10年で100軒以上のお宅を公開していただきました。

見学会では、施主の方々の生活実感に基づく率直なご意見・ご感想を聞かせてもらえます。たとえばどんなご意見・ご感想があるのか、ごく一部ではありますが、ここにご紹介したいと思います。

「この家には、私たちの長年の夢が形になって詰まっているんです。こういう家に住みたい、という思いをあますずに設計士さんに伝えることができたのが良かったのですね。設計士さんがそれを形にしてくれました」

「私も主人も学生時代から楽器が好きで、親子で三重奏ができたらいいね、なんて夢のようなことを考えていました。でも、ごくふつうの一般住宅ではとても無理、とあきらめていたのですが、それが現実になったのです。本当に幸運でした。どんな夢も、叶えようと思えば叶うものですね」

「冬の寒い時期でも、家の中は本当に暖かいので、薄着のまま外に出て『寒いっ！』ってなることが何度もありました」

家づくりには積極的に参加すること

こうしていろいろとお話を伺ってみると、ご家族それぞれにドラマがあり、素晴らしいことだと感激します。

家づくりは、ドラマそのものです。私はそのことに興味津々。読者の皆さんがこれからどんなドラマをつくっていかれるのか、できることならすべてお聞かせ願いたいぐらいです。**ドラマの筋書きを考えるのは、あなたとあなたのご家族です。**主人公もあなたとあなたのご家族です。どんなドラマを、どんなふうに演じるか、あれこれ考えて、思いきり楽しんでいただきたいと思います。

これはこの本の冒頭から一貫して述べていることですが、家づくりの期間中はとことん楽しまなきゃ損、なのです。

楽しむコツは、人任せにせず、自分たちも一緒に考えることです。

自分や家族が何を望んでいるかをしっかりと把握することから、ワクワクがはじまります。

間取りを考え、インテリアのプランを練る時間をたっぷりと取ってください。それは、家づくりのプロセスにおいて最も気分が盛り上がる時期です。

そうしたプランニングに約2ヶ月かける、と見ておくと良いでしょう。設計士との打合せが2週間に一度のペースだとして、合計8回になります。この打合せが本当に楽しくて、「終ってしまうのはさみしい」という施主は多いのです。

さあ、次はあなたの番です。家づくりを通して、夢を形にしてください。

あなたの素晴らしい家の実現を心よりお祈りしています。

おわりに　「望みどおりの家」は人生を変える

私はこれまでに、３００軒以上の家づくりに携わってきました。建て主さんとそのご家族が人生の多くの時間を過ごす「家」、そういう大切な空間をつくる仕事を任せていただけることに大きな責任を感じると共に、やりがいと幸せを感じています。

私がモットーとしているのは、「住む人とつくる人の喜びを両立させる」ということです。住み手が何を望んでいるのか、設計士がじっくりと時間をかけて耳を傾け、思いをこめて図面を引き、その思いを大工の一人ひとりが共有して現場で家を築き上げていく。そうして出来上がった家に住む方々が「本当に望みどおりの家だ！　快適だ！　満足だ！」と喜んでくださると、我々つくる側もものすごく嬉しくて感激します。よし、これからも頑張ろう、と意欲が燃え上がります。お客様にもっと喜んでもらいたくて、益々いい仕事をするようになります。

住む人の夢や希望を形にしていくのが、つくる人であり、つくる人を育てていくのは、そこに住む人々なのですね。こういう良い関係、良い循環が当たり前のこととして、日本全国で実現していくことを願っています。

住む人にとっても、家づくりには多くの労力を求められますが、それ以上に喜びのほうが大きいと、皆さんそうおっしゃいます。「こんな家に住みたい」「こんな暮らしがしたい」と、あれこれイメージしている時間がどれほど楽しいものか、この本を読んでくださったあなたにもぜひ実体験していただきたいと願っています。

設計図が出来上がるまで、そして大工が家を建てている間も、さらに実際に住み始めてからも、幸せな時間はずっと続きます。「家をつくる」ことを楽しみ、夢を叶えて、より幸せな人生をあなたのものにしてください。

「家づくり、そろそろ本気で考えてみようかな」と気持ちが切り替わると、大きな変化があります。自分の人生を見つめ直し、これからの生活をプランする良いチャンスとなるのです。

夢がどんどん広がるいっぽうで、それを叶えるための資金や時間が必要となり、考えなければならないことも増えるでしょうが、その分、大きな見返りと確かな実りがあります。

本書は、「家族みんなが幸せになる家づくり」「住む人もつくる人も心から喜べる家づくり」をテーマに、さまざまな角度から考えて書きました。

家づくりに、たった一つの正解などはありません。ある人にとっては使い勝手の良い間取りであっても、他の人にとっては不便で、心地が悪いという場合もあるのです。

唯一言えるのは、あなたやあなたのご家族にとって、これこそまさに望んでいたものだ、と納得できる家づくりの方法が必ずあるということです。

住み手であるご一家が、つくり手である設計士や大工としっかりと意思疎通をはかり、心をひとつにしてつくりあげた家は、そこに住む人を幸せにする大きな力を持っています。家は百年、いやそれ以上の長きにわたって愛され、住む人と共に生き続けることができます。

それが、建築業界の一員として私が掲げる目標です。この思いが読者の皆さんに届きましたなら幸いです。

株式会社 木の家専門店 谷口工務店代表　谷口弘和

谷口弘和（たにぐち・ひろかず）
株式会社木の家専門店谷口工務店 代表取締役。
1972年、滋賀県蒲生郡竜王町生まれ。仕事一筋の父親である大工の家に育つ。彦根工業高校にて建築の勉強をした後、大手ハウスメーカーに就職。全寮制の会社で修業をしながら大工として働きはじめる。独立を決意し、4年後の22歳の時に独立する。現在、年商20億円、年間新築着工数48棟の会社と成長している。
毎年、リクナビで社員を募集すると全国で約1000名の設計士や大工の卵が応募してくる人気の工務店として注目を集めている。モットーは、「いい家づくりには、いい大工づくりが欠かせない」。社内には営業マンを置かず、現場には現場監督を置かず、無駄な経費を一切なくし、すべての予算をいい家づくりに投入している。設計から引き渡しまでを一元化した全国でも珍しい会社である。

◎出版プロデュース：株式会社天才工場 吉田浩
◎編集協力：本澤愛・安藤智子

100年安心できる！「いい家《いえ》」の建《た》て方《かた》

2016年9月23日　初版発行
2022年3月14日　3刷発行

著者　谷口弘和
発行者　常塚嘉明
発行所　株式会社 ぱる出版

〒160-0011　東京都新宿区若葉1-9-16
03（3353）2835—代表　03（3353）2826—FAX
03（3353）3679—編集
振替　東京 00100-3-131586
印刷・製本　中央精版印刷(株)

ISBN978-4-8272-1018-7 C0033